性與性別教育的解析和實踐

林燕卿————著

林燕卿

　　現任樹德科技大學講座教授及應用社會學院院長暨人類性學研究所所長,在性教育領域的耕耘不遺餘力,已有三十多年歷史。林燕卿教授在親密關係、性溝通、性教育、性別教育等相關主題的著作計有二十多本,研究近百篇;並擔任高雄廣播電台「彩虹旗世界」節目主持人,節目內容以同性戀、親密關係和性教育等議題為主,每當與性/性別相關的新聞事件發生時,更常是媒體採訪的對象。除了國內性學、性/性別教育的推廣,林燕卿教授也常在馬來西亞、越南、中國大陸等地從事性/性別教育的演講和工作坊,並經常被國際研討會邀請和擔任主講者。

序
FOREWORD

　　作者三十多年來一直在性／性別的議題上演講、授課、做研究，期間目睹現代人們在尋求相關性訊息時，多從網站搜尋，或從同儕口耳相傳，其所獲得的資訊難免有偏誤；或在約會、婚姻、養育子女等的思維和處理能力不夠；加上考慮到有意願從事教導性／性別之教育者，缺乏一本多元內容且實務應用的書，在上述種種情況下，興起想寫這類書籍的念頭。再者因任教學校相繼於 2001 年成立人類性學研究所、2006 年成立博士班，在開課時更覺有所需要。歷經十多年，從課堂與學生的討論過程，及相關期刊、書籍與研究資料的收集下，才將這本書完成。

　　本書每一章都有主要概念，即為該章所要呈現的核心內容。本書所包含的層面廣泛，不僅論及生理，也包括心理、社會、道德及倫理等範疇，呈現了許多不同的觀點，期能使讀者正確了解這些訊息，並熟悉這些議題。文中部分內容提出議題的相對建議回應，如社會反對性教育的現象發生時如何回應，

這時的回應，個人觀點的思索顯得特別重要。

　　書中引用許多研究文獻及期刊文章，目的是客觀的呈現事實，從這些呈現的事實進行討論，有助於更嚴謹的看待現象。此外，在某些章節中加入練習，讓讀者在閱讀時也動腦思考，想想自己的經驗，並能將之反映在自己的生活中做學習，進而能從不同角度注意性／性別議題及生活型態的選擇。

　　本書共分為八章，第一章：談性色變，是談及性涵義與其複雜性；第二章：性教育面臨的災難，則是在了解性教育所處的環境及如何因應；第三章：男女身體大不同，提出男女生殖系統、性反應的異同、避孕、生產等相關內容；第四章：性所包含的層面，著重於心理、態度的發展；第五章：家庭教育與親密關係，包含了約會、同居、婚姻、養育子女的各個層面；第六章至第八章以性的社會議題、道德及倫理，和性行為的多樣性，說明性的多元性，以及性行為的選擇和決定會與道德倫理有著密切關係。

　　期待此書的呈現除了能帶給讀者正確的知識外，更能讓讀者以寬廣的態度面對性／性別議題，並在自己的生活上做最適宜自己的選擇和決定。

林燕卿

2018 年於樹德科技大學人類性學研究所

目次
CONTENTS

1

CHAPTER

談性色變

主要概念

❶ 有關「性」的概念，古今中外有許多類似或相異的看法

❷ 人類的性包括許多成分

❸ 對性的整體觀點是奠基在個體的福祉與人際關係上

❹ 人終其一生都是「性的生物」

❺ 在成長與發展的過程中，個體會遇到各式各樣與性相關的主題與經驗

❻ 每個個體都是獨特的性生物

第一節 傳統與現代對「性」的概念

性（sex）對每個人的意義都不同，不過許多人的定義都跟性交（intercourse）、生育（reproduction）、愉悅（fun）及道德感（moral feelings）有關。有些則跟骯髒（dirty）有關；由於將性和骯髒連結，在這些思想的影響下，讓人「談性色變」，不敢追求自身正常的性需求，還把性醜化了。也因為對性的壓制及傳統道德的影響，造成了現在很多人的性無知。

一 性（Sexuality）

「性」包含許多層面（生物、文化、倫理、心理），19 世紀起科學界開始使用這個字，現在使用的範圍比男女、雌雄更廣。近幾十年來，在英語學術界，已經用「sexuality」一詞取代往昔廣義的、無所不包的「sex」一詞。日常用語中常常把 sex 局限於「性」的肉體方面，甚或只指具體的性行為；亦有不少人認為 sexuality 就表示性行為。

阮芳賦和林燕卿（2003）認為性是無限豐富、無限多樣的；性學的領域，是極為廣闊、極為誘人的。從生物醫學層面來說，有遺傳學上的性、性的解剖、性的生理、性的內分泌學、性的發育、性健康和性安全與衛生、性生活品質的改善與提高、性的病理、性功能障礙、性傳播疾病、性治療、性療法、性與藥物、助性器具的應用等等。足見人類的性成分包羅萬象。

二　性學（Sexology）

「性學」（Sexualissenchaft，英譯為 Sexology，中文也可譯為「性科學」）這個術語，是德國醫學家布洛赫（Iwan Bloch, 1872-1922）在 1906 年首先創用的，但是，人們仍然公認 1886 年克拉夫特・埃賓（Richard von Krafft-Ebing）的《性精神病態》（*Psychopathia Sexualis*）一書是現代性學的奠基性著作。因此 1886 年便被看成是現代性學的肇始之年。

● 第二節　性的複雜性

美國性知識及性教育諮詢中心（Sexuality Information and Education Council to the United States [SIECUS], 2004）認為性（sexuality）是：

> 性不只是你與他人之間的性活動，簡言之，性不只是性交或參與性活動，性還是你對自己的感覺，你對自己身體的看法，你覺得自己是男孩、女孩、男人、女人，你的穿著、姿態及談話，你對他人的感覺，它包含你所有人性的成分，從出生到死亡──一生的時間。性是我們自然而且健康的部分，它不是你做了什麼，而是你是誰、你的生活方式。

加拿大性健康教育引導（Canadian Guidelines for Sexual Health Education, 2003）對性的定義為：

> 性為每個人人格完整的部分：包含男人、女人及小孩。它是人類基本的需求，無法與其他生活層面分離。因此，性包含了身體、生理、心理、社會、情緒、文化及倫理等層面的性及性別。簡單的說，性至少包含了文化、心理、倫理及生物等層面（如圖1-1）。

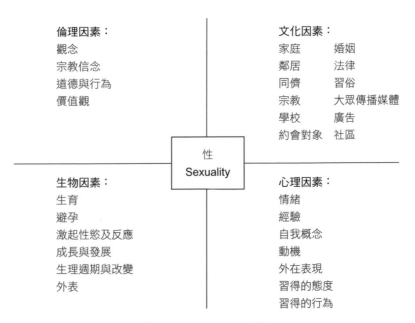

圖 1-1 ▶ 性含括的層面

資料來源：Greenberg, J. S., Bruess, C. E., & Mullen, K. D. (1993). *Sexuality: Insight and Issues* (3rd ed.). Madison, Wis.: Brown & Benchmark.

一　文化因素

　　無論在歷史上或現代，文化層面對性的影響是大的。例如，過去 30 年來在中國大陸，性的資訊非常稀少，只有與懷孕及月經相關的問題，中國的婦女才能得到適當的資訊，當然也極少調查有關性的議題。除了中國大陸，其他如希臘，教會及政府的政策皆不同意避孕，因此女性的避孕方法是被大部分的希臘女性所排斥的，所以流產及男性阻隔方法為主要生育控制方式。在愛爾蘭，除非孕婦有生命危險，否則墮胎是非法的，因此估計每年約有 4500 名愛爾蘭婦女到國外墮胎。目前對性主要的影響來源則多來自收音機、電視、電影、網路、平面媒體及社會機構，如家庭、教堂及學校，以及人際之間的互動（Ruan & Bullough, 1989; Caron, 1998）。

二　心理因素

　　從我們出生開始，周遭就有很多訊息告訴我們該如何想、如何做。我們可能會學習到一些用字，如「錯的」或「髒的」來描述我們身體的某些部位，讓我們覺得這些部位是「不可觸碰的」及「不可說的」。如果我們自己有一些想法，而這些想法又不為他人所接受，那時我們就會將這些真實想法隱藏起來及偽裝起來。

三 倫理因素

對某些人來說，倫理因素是心理精神層面的一部分，基本上它包含了「對」與「錯」的想法，也可能與宗教的立場、人道主義或實用主義有關，當我們在態度上需要面對「性」的議題時，這些都影響著我們行為層面的決定。

四 生物因素

性的生物層面包含我們的外表——特別是性特徵的發展，我們對性刺激的反應、繁殖或控制生育的能力，以及一般的成長及發育。

第三節 性與生命週期

學者 Dr. William Master 強調所有的人都有性，不管是年輕人、老人、殘障者或父母，都是性的生物（sexual beings），性功能是人類身體的自然功能，從出生即開始，並且持續一生，個體會依照自己的節奏發展（阮芳賦、林燕卿，2003）。他更認為「人人有性，一生一世，從生到死，綿延不斷」並不是文學的誇張之詞，而是科學的客觀描述，其中包括一些新的科學發現和新的性學觀點。當然，「人人有性」中的那個「性」字，指的是「性感覺」和「性慾望」，而不是生物學上的性

別。假如從生物學上的性別來說「人人有性，一生一世，從生
到死，綿延不斷」，那當然完全正確，但卻是一種文字遊戲，
不過是「同語反覆」，沒有包含什麼新的涵義。但要從「性感
覺」和「性慾望」來說「人人有性，一生一世，從生到死，綿
延不斷」，這句話就很不簡單了！

　　一個人的「人生週期」始於新生兒的出世（從受精開始在
母體內，生命當然已有，但總還不是獨立的個體）；經過嬰幼
兒、少年，進入「青春發育」，生理心理漸趨成熟；所謂「長
大成人」，就是「成年人」了，再經青年、壯年、老年幾個階
段，共約百年，終於謝世。就性的感覺和性的慾望來說（不是
就「性交」來說），人體中的性生殖系統，是可以和心跳、呼
吸「比美」的；它甚至開始於「第一聲啼哭」之前，也保持到
生命的最後一息，所以終其一生，人都是性的生物，也就是有
男女生殖器官及性的感覺和慾望的人。

練習一

　　請填寫下面的表格：於第一行第一列中，寫出你開始覺得自己是「性的生物」（sexual beings）的年紀大約是在什麼時候，第二列填出你覺得同性的他人通常有性特徵的年齡，以此類推。

　　然後，請於第二行第一列中，寫出你認為自己是性的生物的情況什麼時候停止，然後是同性他人，以此類推。並於表後，寫出當你在填寫本表時出現的三個想法或感覺。

	你	同性	異性	手足	父母	祖父母
開始						
結束						

1. ＿＿＿＿＿＿＿＿＿＿＿＿＿＿＿＿＿＿＿＿＿＿＿＿
2. ＿＿＿＿＿＿＿＿＿＿＿＿＿＿＿＿＿＿＿＿＿＿＿＿
3. ＿＿＿＿＿＿＿＿＿＿＿＿＿＿＿＿＿＿＿＿＿＿＿＿

第四節　性的議題

　　性健康（sexual health）包含性發展（生殖生理、青春期、性傾向與認同）及生殖健康（避孕、墮胎、性傳染病、性虐待）。除了特性外，也有能力發展及維持有意義的人際關係；讚賞他人所擁有的身體；用尊敬及適當的方法與兩性互動；也

能堅持用適於自己價值觀的方式，表達情感、愛及親密關係。與性健康有相關的議題包括：與發展相關的疑問、自慰、同性戀、夢遺與高潮、性與年紀等。尤其「自慰」及「夢遺」是人在成長過程中，初期所面臨最深刻的議題。

一　自慰

　　自慰是青少年所關心的主題，因為他們常聽到有關自慰的事，他們通常不是直接做就是對此事甚感興趣，但可惜的是青少年很少與具有相關知識的人討論此事或有機會公開討論此議題。

　　西方文明早期，任何不以繁衍後代為目的的性行為都會受到譴責。《聖經》創世記 38 章第 7 至 10 節記載，俄南（Onan）奉父親之命與寡嫂同房以便為亡兄留後，俄南知道生子不歸自己而且會影響到自己在家族中的地位，因此同房的時候便遺精在地。俄南對這個猶太民族傳統習俗的陽奉陰違，使他享受了性但避開生殖，因「浪費了種子」而遭到上帝嚴重的懲罰。這個故事傳達了當時的性價值觀：性的愉悅是耽溺，是罪惡，是不負（生殖的）責任。中世紀的神學家們承繼了這個傳統，所有非（婚內）生殖性的洩精——男性的自慰自然包含在內——就和私通、通姦、肛交、獸交一樣，都被視為非法的性行為，也都會受到嚴厲的責罰。

　　之後新一波的自慰論述不再僅僅建基於生殖考量，而進一

步提升了手淫的社會意義，把這種自我愉悅的洩精說成是對個人和社會都有害的活動，認為自慰會造成成長緩慢、異常勃起、淋病、失明、結核病、瘋狂以及其他無數的病痛失常，甚至死亡。社會學家易家鉞（1921）就鼓吹「反手淫運動」，並且宣稱：「一個國家有沒有前途，只要檢查年輕人的床單就知道了。」手淫因此被說成「惡習」或「壞習慣」，代表著青少年的社會責任與理性自制能力之闕如。至於手淫對生理身體的戕害，當時不但採用了同時期西方醫學的一些說法，也配合了中醫的名詞概念與傳統，造成中國對青少年手淫的極大恐懼，各種稀奇古怪防範手淫的方法紛紛流傳，報紙上也充斥著相關的醫藥廣告。

然而這些敘述均是不正確的說法，事實上，自慰能放鬆情緒、消除緊張的狀態、減輕焦慮與沮喪，是有益健康的，而且一個人的自慰不會使他人懷孕或自己懷孕，也不會感染性傳染病。

二 夢遺

夢遺與月經一樣，都是人類的性反應。年輕人無法控制睡夢中的高潮，這無關道德，也不是意識可以控制的。現代醫學不認為遺精是疾病，所以沒有診斷可言，但是如果由於其他病癥造成遺精過多，或者由於遺精造成其他病癥，則需對那些病癥進行治療。例如，如果因遺精思想負擔過重，造成神經衰弱

影響睡眠者，可用鎮靜劑，如安定、舒樂安定、穀維素等。過易發生性衝動者，可適當使用雌激素，如乙烯雌酚，但絕大多數情況下，發生性衝動是非常正常的事情。

有人認為根據有夢無夢，可將遺精分為兩類。其中，因為思偶心切，妄想不遂，夢中與人交合而流精，稱為夢遺或夢失精，有人稱之為跑馬。夢遺可由性夢引發，也可能是被褥過暖、內褲過緊使陰莖受刺激或受壓所造成的結果。夜間無夢，甚至白日清醒時精液自行流出，或見色流精的，稱為滑精，又稱滑泄。夢遺、滑精二者從根本上說沒有太大區別，是遺精輕重不同的兩種徵候，有夢而遺精往往是清醒滑精的初起階段。

中國民間流傳著一種錯誤的說法，把精液看得十分寶貴，認為「十滴髓生一滴血，十滴血生一滴精」、「損失精液，大傷元氣」，所以宣傳只有藏而不泄，才能使人健康、延年益壽。事實上精液並沒有什麼特別的成分，精液外泄並不會造成對身體的傷害。

練習二　　停下來幾分鐘，請寫下你成長過程中聽過對「自慰」的負面說法及正面說法，然後比較這兩種說法。你看到了什麼？

結論

　　「性」的完整界定應包含文化、心理、倫理及生物層面，這些層面更包含了許多次層面的內容，它有著複雜的感覺、自我概念、個人間的關係和決定，這些都需要去澄清和討論。了解人類性的全貌，才能建立個人的生活品質和良好人際關係。性對一般人而言，都是有興趣去探索和認知的，因此針對「性」進行一個合適的教育，可協助人們減少壓力，並可應用在人際關係上。從兒童一直至老年人，如果相關的性議題能促進其面對和有機會討論，並了解所有性的層面的話，無疑將會提高每個人擁有良好健康生活的機會。

參考文獻

阮芳賦、林燕卿（2003）。**人類性學**。台北市：華騰。

易家鉞（1921）。**中國家庭問題**。北京市：北京大學家庭研究社。

Canadian Guidelines for Sexual Health Education (2003). Retrieved from https://sieccan.org/pdf/guidelines-eng.pdf

Caron, S. L. (1998). *Cross-cultural perspectives on human sexuality*. Boston, MA: Allyn & Bacon.

Greenberg, J. S., Bruess, C. E., & Mullen, K. D. (1993). *Sexuality: Insight and issues* (3rd ed.). Madison, Wis.: Brown & Benchmark.

Ruan, F. F., & Bullough, V. L. (1989). Sex in China. *Medical Aspects of Human Sexuality, 24*(7), 59-62.

SIECUS (2004). Guidelines for comprehensive sexuality education: Kindergarten–12th grade. Retrieved from https://sexedu.org.tw/guideline.pdf

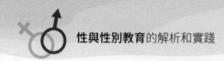

性與性別教育的解析和實踐

2

CHAPTER

性教育面臨的災難

主要概念

❶ 了解抵制性教育的活動策略

❷ 認識極端反對團體的攻擊方式，及其可辨識的特徵
　與階段

❸ 反對性教育者的各式理由與途徑

❹ 對極端的攻擊事件所給予的建議

❺ 面對性教育對立的爭論，冷靜與邏輯是致勝之鑰

在美國，有關性教育的爭論在過去 30 到 35 年來仍然持續不休，近年的爭議則集中在方法和內容，而不在是否該有性教育。有些團體表明他們只支持禁慾式的性教育，但只要提到避孕、墮胎、同性戀議題，就一定反對。

Trevor（2002）發現性教育的爭議較過去少，但卻是因為教職員採取了保守的方式來避免爭議，而婚前禁慾仍是主軸。反對者仍用限縮議題、排除教材、防止討論等方式持續進行抵制。報紙上也時常可以看見有關支持或反對學校推行性教育課程的爭論。

台灣並未有像美國一般旗幟鮮明、具組織力的保守團體，針對性教育進行持續性的、計畫性的打擊和打壓，雖然保守勢力確實存在，但僅在個別單一事件中舉行記者會或者小型公聽會，透過媒體來發聲。「孩子需要性教育」似乎是全民共識，但不知如何教、或教了之後才開始出現反對的聲浪，這是台灣的現況。

練習

　　假設有家長及立委反對在國小階段教「同性戀」的課題，認為一旦教導了，學生都會被傳染成同性戀。針對這個説法，你認為支持者會如何説？反對者又會如何説？

支持者：

1. _____

2. _____

反對者：

1. _____

2. _____

第一節　反性教育運動的背景：以美國為例

　　1968 年 Christian Crusade 發起直送信件的募款活動，印行一本叫做《學校是教性的好地方嗎？》（*Is the School House the Proper Place to Teach Raw Sex?*）的冊子。冊子裡說性教育教材讓年輕人太自由，否定基督教的道德，也是共產黨的陰謀，必須阻止這種「邪惡的」知識在校內流傳。這個行動對許多州都產生了影響，地方的教育委員會很快做出反對的意見，也有更多的團體加入這個行動，甚至其他組織也鼓勵成員參與打擊性教育的行動。有趣的是，也有學生組織成團體，反對成人對於性教

育自由的打壓（Knowlton, 1986）。

雖然反對的聲音是地區性的，但他們也有全國性的方針和目標，試圖影響官員、父母和教師組織。這些反對運動延續到整個 1970 年代，雖然比起以前，學校、教會和其他機構有了更多的性教育課程，但反對的力量仍在，爭議甚至到 1980 年代仍未消弭。

1990 年代對性教育的檢查和破壞有增長趨勢。一些草根性的團體獲得右派團體的支持，對教科書和課程進行討伐。而到了最近，基督教組織提出公開辯論性教育的提議。雖然人們以為有關性教育的爭議是由激進的人民所引發，但其實通常是由保守的團體，以維護道德之名所進行。右派團體主要在地方上獲得了成功，造成威嚇、遏止的效果。他們透過一些課程，告訴群眾性教育是不道德、違反律則的。

在反對力量增強時，過度堅持自己的想法會導致無法對話。對於極端團體抨擊性教育時，保持清醒冷靜是必要的。

一 誰是反對者？

學校管理者、教師通常不是反對性教育與 HIV/AIDS 教育的人，未參與性教育決策的人民團體，才是主要的反對者。從地方的保守團體，到全國性的組織都有。他們的訴求通常是縮減表達和學術的自由、個人隱私、性以及健康的性生活等資訊的權利。

美國 1990 年代反對性教育最有力的組織是 American Family Association、American Life League、Concerned Women for American、Eagle Forum、Focus on the Family，以及 National Association for Abstinence Education 等。組織規模大小不等，有的是鼓吹全國性的保守價值，有的是地方性的倡導婚前禁慾。近年倡導婚前禁慾的團體也獲得媒體關注，影響力延伸到了網路，同時已經存在的團體也有坐大趨勢。這些團體擁有強大的利益，基礎實力雄厚、富有而且非常組織化。

二　在美國，反對者的慣用戰術

反對者對於客觀評價性教育沒有興趣，相反的，他們是要消抹性教育，避免他們被客觀的評價。他們似乎認為所有的知識都是有害的。以下是他們慣用的戰術：

1. 黑名單、貼標籤：和極端團體意見不同的人士都被他們列入黑名單、貼上標籤。

2. 教會的支持：地方上的團體會根據宗教的理由反對，並且為意見不同的人士貼上「反宗教」、「反上帝」的標籤。

3. 對教師採取高壓、恐嚇和猜疑手段：希望介入父母與校方之間，使他們無法信任教師。有時學校的投資者和支持者也會受到恐嚇。

4. 癱瘓會議：極端人士會突然出現在會議裡，忽視議

程，或提出無關緊要的問題來打亂會議。

5. 出版小冊、卡片並大量發送。

6. 分化並且攻擊：造成某些組織被分化和孤立，進而予以控制。

7. 成立、介入委員會。

8. 僱用演講者（名嘴），在各地發表反對意見。

9. 以合法組織掩護。

10. 以假亂真、半真半假的論述。

11. 用歇斯底里的表達方式煽動人們心中的恐懼和懷疑。

12. 滲透某些具有名望的組織，在機會到來時掌握關鍵的位置。

13. 投書：寫信給報刊編輯，針對性教育者產生直接的影響。

14. 對官員施壓。

15. 在廣播、電視媒體發表意見。

16. 即使課程還在計畫或尚未推出時，反對者會宣稱教育者正在關門密談，打算推出試驗性的課程。

到了 1990 年代，反對者會採取控告校方、向教師和管理者施壓等方式。因為害怕衝突和法律訴訟的可觀費用，越來越多的學校和教師開始同意他們的介入和審查。

反對者常用的策略包括：（1）使用攻擊性、挑釁的語言

（例如雞姦者），甚至用來抹黑教育者；（2）扭曲真相，例如宣稱了解節育知識會鼓勵學生性交；（3）宣揚嚇人的故事，例如有老師脫光衣服向學生教授性教育。這些策略相當奏效，因為在當下難以求證和駁斥。

三 極端人士的攻擊特色與階段

極端人士的攻擊特色是向相關者施壓，以求將教科書和課程改變成為他們所希望的觀點。他們通常會忽略他人表達不同觀點的權利，甚至採用暴力手段來加快改變速度。他們相信用快速而且簡單的方法可以解決複雜的問題，而且規則是由他們來訂的。

攻擊可分四個階段：

1. 散布懷疑期：讓有關單位注意到他們，散布性教育議題的危險性。這個階段通常集中在地方性的層級（如州），以會議、示威抗議行動進行。

2. 內部潛伏期：某些合法的機構會支持反對者，它們會僱用名嘴演講、寫信給報刊編輯、打電話給節目（call-in）談性教育議題、在報刊上登廣告，營造一種與性教育衝突的局勢。

3. 爆發期：上述兩階段都已經推展到一個地步，大眾也各自擁護立場，衝突一觸即發。

4. 轉向真正目標，奪取權力：因為造成了反對性教育的

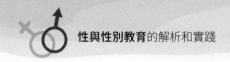

聲浪，學校委員會進行改選，此時極端團體會將注意力集中在他們真正的目標——奪取並掌控權力。

這些階段都是在民主過程中完成的，這也是為何反對性教育的人士能夠如此輕易就成功的原因。

四　非極端份子的反對

要特別注意的是，並非所有反對聲音都來自極端團體，有些人認為性教育聽起來不錯，但必須在某個年齡、環境、教師做好某種特別的準備，或者道德議題在可控制的範圍內才能採行。多數的情況下，這些人會傾聽理由，也能客觀的從不同角度思考問題。

可以試著讓反對者明白各種年齡層都需要性教育的原因，而不是刻意審查某些議題。某些議題對不同年齡層的學習者都適合討論，但某些禁忌性的話題則不然。

第二節 反對性教育的理由／論述

1 性教育會導致性交

　　建議回應：性交是自然發生的，沒有證據顯示性教育會影響性交的發生，甚至有許多個案顯示，鮮少接觸到性知識者反而最有發生性交的意願。此外，如果性交發生了，在性教育中學習到對性合宜的態度、正確的知識，也能獲得較健康、較少風險的經驗。

2 有些性教育者沒有受到完整而專業的訓練

　　建議回應：對於教育者的核可和檢定是重要的。一個沒有經過訓練的教育者會造成的傷害比好處來得多。而今天已有許多大學或非大學的相關課程設立，不能再有理由說教育者沒有準備好了。

3 有些性教育課程太早開始了

　　建議回應：任何新的或者既存的課程都要經過謹慎的計畫、良好的教育以及經常的評估。如果這些步驟確實，這樣的批評就沒有根據。

4 性教育應由父母來施行

　　建議回應：父母確實是性教育中最重要的角色之一，沒有任何組織可以取代父母的位置。然而我們既然無法期待每個父

母都能教孩子數學、歷史和科學，卻期待他們來教性教育就是不合道理的。我們也不能期待父母了解近期的研究成果，或者擁有廣泛多元的資源，甚至有辦法與子女談性。

5 **對學校和其他機構來說，性教育太有爭議性了，對於性所應具有的道德立場並未被置入性教育課程中**

建議回應：如果性教育是謹慎、適切的計畫，且重要性被肯定，那麼它就不會比歷史或其他社會科學更具爭議性。這裡的爭議時常是與道德價值相關，而學校或組織並非要賦予性的價值判斷——這是家庭、教會和其他人的工作。

6 **教導兒童所有關於性交的細節是不恰當的**

建議回應：在學校（包括幼兒園和國小）的性教育，並不教導有關性技巧的部分。性技巧在成人階段教授較為合適，但也需要由適合的教育者來擔任教導的角色。

7 **性教育會使一個人的道德價值觀混亂**

建議回應：如前所述，性教育工作並非為道德訂下標準。如果人們了解性教育課程，就會知道道德價值觀並不會因此而混亂。

8 **只有在貧困落後的地區才需要性教育，因為只有在那裡才會有問題**

建議回應：這個看法將性教育窄化到只有性傳染病和未婚

懷孕的層次。任何地區和群體都會發生性的問題。

9 學校的課已經排得太滿了

　　建議回應：性教育無需獨立或另外安排時間，而是包含在健康教育或相近的課程內教授。教育者需要另做訓練，但無須額外增加授課時間。

10 性教育只是為了某些人的營利

　　建議回應：性教育會帶來的收益，是促進人們有健康的生活態度及人際關係，而不是金錢。

11 已婚或年長者並不需要性教育

　　建議回應：不同年齡有不同性教育的需求。

12 對不同性取向的人來說，性教育是不需要的

　　建議回應：性教育的基本理由與性取向無關。事實上，在群體中發現「不同」的個體時，更需要相關的資訊來了解。

13 性教育是一種鼓勵同性戀和其他噁心行為的陰謀

　　建議回應：教育的基本原則之一，即是幫助人們學習有關「差異」的課題。這並不是鼓勵或推著人們去嘗試，而是幫助理解自己與他人。

14 性教育者喜歡鼓勵性交，他們不會好好教導青少年

　　建議回應：性教育者對於青少年發生性行為的議題更加重

視，尤其在 HIV 問題嚴重的今日。青少年逐漸有性經驗是不爭的事實，學校和父母總是刻意躲避或者防範，忽視現實才是最嚴重的問題。性教育者會教導負責任、珍惜生命，還有拒絕毒品等相關知識。

15 性教育太過強調性的多元（或者其他邪惡的事情）

建議回應：多元的核心宗旨是包容、尊重他人的選擇，不將自己的標準強加在他人身上。許多人仍舊認為性只能有一種道德途徑。然而性的多元並非指所有的性行為均是合法的，如性強暴、性騷擾等就不能包含在內。性的多元所指的是在任何性關係中，誠實、平等、負責都是必要的元素。

第三節 對極端份子攻擊的防禦

首先是用容易理解的語言說出自己的立場，以避免與反對者辯論。在公開的場合與反對性教育者辯論，要取得勝利可以說是不可能的。

當反對者出現時，重要的是：（1）讓對方了解你的想法並且能夠與他們正向而有效率的對話；（2）傾聽並且找出對話基礎；（3）不要防禦心太重；（4）提醒支持者並使他們參與；（5）繼續進行遊說；（6）保持誠實和光明正大；（7）尊重差異；（8）持續正面思考（Bensley, 1986）。

一　公聽會

公聽會可以帶出許多個人不同的意見。對於籌劃性教育課程的人有幫助，也可以使議題被公眾聽見。而由於性教育和健康教育的議題仍有待探索，為了使會議成功，能夠清楚而有效率的介紹是非常重要的；目的要能被清楚的敘述出來，並且在結束之前再提一次，確保被聽見；製作工作聯繫和相關資源表給出席者也是重要的。此外，還有以下建議（Bensley, 1986）：

1. 準備寫有清楚目的的行程表，以提醒每個人。
2. 清楚定義性教育是什麼。所有負責課程的計畫人都要同意該定義，並且在與他人溝通時能夠清楚迅速的說出來。
3. 指派一位有經驗和有技巧者擔任主席。
4. 允許參與者談論該議題，但要制定規則。例如有時間限制，或者在發言之前必須先說明身分。
5. 介紹與課程有關的人士，例如委員、學校管理員、教育者。
6. 讓參與者知道他們的協助、付出都是需要的，而且是令人感激的。
7. 留下記錄（包含錄音）以供未來使用。
8. 避免冗長的發言。
9. 提醒參與者他們的發言會有什麼影響。

10. 在會議中維持正向氣氛。

11. 準時開始和結束。

12. 會議結束時，主席或記錄員可以稍做摘要和總結。

13. 確定每個人離開會議時都覺得沒有浪費時間。

二 理性頭腦佔優勢

保持冷靜、理性的頭腦，通常致勝的機率也較高。理性、有邏輯的來面對事實和數據，會更有說服力。記得多數人是支持性教育的，當有機會的時候這種支持會顯現出來。

（一）運用研究數據呈現性的問題

1 未婚懷孕

如內政部 2012 年統計資料顯示，國內每 100 名嬰兒中，就有 5 位是未成年少女所生，換言之，1/20 的嬰兒是未成年少女所生，超過日本的千分之 4、韓國的千分之 2.8、新加坡的千分之 8，居亞洲之冠（李鴻典，2014）。

2 校園性侵害

從表 2-1 得知，加害人多數為男性，且分布在各年級，尤其以國小、國中居多，其次是高中職、大專。

表 2-1　校園性侵害事件調查屬實統計—按加害人性別統計
2015 年 1 至 12 月

身分別	百分比		大專		高中職		國中		國小		特殊教育學校		未分類		合計	
	男	女	男	女	男	女	男	女	男	女	男	女	男	女	男	女
一般生	68.69	1.01	14	0	66	0	100	3	19	0	0	0	5	0	204	3
原住民	11	0.34	2	0	7	0	17	0	7	1	0	0	1	0	34	1
特教生	10.77	0.67	0	0	16	0	11	2	1	0	4	0	0	0	32	2
外籍生	0.34	0	1	0	0	0	0	0	0	0	0	0	0	0	1	0
僑生	0	0	0	0	0	0	0	0	0	0	0	0	0	0	0	0
教職員工	5.39	0	1	0	4	0	5	0	6	0	0	0	0	0	16	0
未分類	1.01	0.34	0	0	0	0	3	1	0	0	0	0	0	0	3	1
合計	97.64	2.36	18	0	93	0	136	6	33	1	4	0	6	0	290	7

說明：1. 本表資料為「學校進行校安通報後，依性別平等教育法處理且調查屬實之事件」。

　　　2. 統計數據排除 16 歲以下之合意案件。

資料來源：教育部學生事務及特殊教育司（無日期）。校園性侵害事件調查屬實統計—按加害人性別統計。取自 https://depart.moe.edu.tw/ED4500/cp.aspx?n=0A95D1021CCA80AE

3 性傳染病

　　近五年來台灣青少年總人口每年顯著下降，但性傳染病比例增加，從 2012 年起，幾乎是以 150、200、250、300、350 的人數持續攀升，年紀也逐年下降，10 至 14 歲淋病個案數更增加四至八倍之多，和同期成人增加兩倍的情況相較，明顯嚴重許多（趙國玉，2017）。

（二）藉助新聞「性議題」的分析，討論出解決的方法

例如，有新聞報導校園傳出性騷擾事件，有男學生帶頭長期性騷擾女同學為樂（〈資優國二男帶頭 3 人長期性騷擾 8 女同學〉，2013）。這時可針對這議題討論因應方式，練習當遇到這情況時，可以說些什麼話阻止對方，或透過「修復練習」來彌補對他人造成的傷害，以修補恢復關係。

（三）呈現性教育實踐（實驗）成功的案例

例如，在 Kirby（1997）的研究中，合併三十五個學校的性教育課程做評價。在總結這些課程的效益時，顯示其有顯著延遲性交的開始、減少性交頻率、減少性伴侶數量，或增加使用保險套及其他形式的避孕方法來降低性風險產生的行為。

Blake、Simkin、Ledsky、Perkins 和 Calabrese（2001）評價性教育的效益，樣本為五個中等學校學生與其父母的家庭性教育課程設計。結果顯示學生有較大的自我效益與拒絕高危險性行為，父母方面則較頻繁進行親子溝通。

Murphy（2003）提出另一個獨特而有趣的研究報告。她考慮以信任為基礎的性教育課程，發展出全方位的性教育課程，強調負責任的決策。研究得出一個強有力的結論——青少年，尤其是女孩，若有濃厚的宗教觀點就不太可能有性行為，這是因為他們的宗教觀點引導他們認為性交會產生負向結果。

結論

事實上，到現在為止，有關於性教育的爭論並沒有停止，反對人士的立場基於對「性」的負面想像，認為性教育將引起人的性慾，敗壞道德，使一些異性戀者均變成同性戀；或認為如果告知事實的真相，會導致兒童、青少年從事性交行為，反對人士對此有無限的恐懼。

然而，從目前的媒體普及看來，不教導正確的性教育，而使兒童、青少年從電視、媒體、雜誌獲得不確實的訊息，由此帶來的扭曲、汙染更大。我們需要有一套有計畫的、有系統的完整性教育，教導這些兒童、青少年如何去辨識正確與否，然後做正確的選擇和決定。人類的生活是多元的，從前沒發生的，現在發生了，不會只有一種生活、現象和人的存在，如何在眾多的途徑裡做一個正確的決定，是性教育的目標，並在跌倒的同時，給予我們的兒童、青少年復原力，使之重新站起來，而不是放棄。

參考文獻

李鴻典（2014，2月20日）。墮胎逐年增加。勵馨：台灣青少年未婚懷孕比例亞洲之冠。Yahoo 新聞。取自：https://tw.news.yahoo.com/墮胎逐年增加-勵馨-台灣青少年懷孕比例亞洲之冠

-010000554.html。

教育部學生事務及特殊教育司（無日期）。**校園性侵害事件調查屬實統計－按加害人性別統計**。取自 https://depart.moe.edu.tw/ED4500/cp.aspx?n=0A95D1021CCA80AE

資優國二男帶頭 3 人長期性騷擾 8 女同學（2013，4 月 15 日）。**NOWnews 今日新聞**，取自 http://www.nownews.com。

趙國玉（2017，1 月 23 日）。青少年性病比例逐年攀升。**風向新聞**。取自 http://kairos.news。

Bensley, L. B. (1986). *A handbook for establishing sex education programs in Michigan schools*. MT. Pleasant, MI: Michigan School Health Association.

Blake, S. M., Simkin, L., Ledsky, R., Perkins, C., & Calabrese, J. M. (2001). Effects of parent-child communications intervention on young adolescents. *Family Planning Perspectives, 33*(2), 52-61.

Kirby, D. (1997). *No easy answers: Research findings on programs to reduce teen pregnancy*. Washington DC: National Campaign to Prevent Teen Pregnancy.

Knowlton, R. (1986, Spring). Co-opting the opposition. *Family Life Educator*, 14.

Murphy, C. (2003, April 6). Programs help sort out sex, morality issues. *Washington Post*, C01.

Trevor, C. (2002). Number of controversies decline as schools adopt conservative policies. *SIECUS Report, 30*(6), 4-17.

3

CHAPTER

男女身體大不同

主要概念

❶ 男女生殖系統及功能

❷ 男女性反應的異同

❸ 生殖控制是指在生殖過程中某些點的介入

❹ 懷孕歷程

第一節 女性及男性的生殖系統與功能

一 女性

（一）女性內生殖器

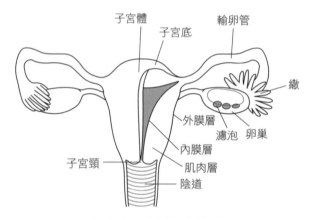

圖 3-1 ▶ 女性內生殖器

資料來源：Bruess, C. E., & Greenberg, J. S. (2004). *Sexuality education: Theory and practice.* Canada: Jones & Bartlett.

1 卵巢

亦稱為女性性腺，為一成對的腺體，位於子宮兩側，骨盆的後下方，輸卵管下方。卵巢不但是雌性性細胞的儲存和成熟處，同時也是動情激素和黃體激素的製造處，由髓質（內層）和皮質（外層）所組成。卵巢會製造荷爾蒙刺激性慾，並能為子宮做好著床的準備及維持。

2 濾泡

　　每個濾泡含有一個卵母細胞，出生時約有 20 萬至 40 萬個濾泡，隨著青春期來臨，數目會減少，停經期則逐漸消失。

3 輸卵管

　　左右各一，呈小喇叭狀的管子，開口於腹腔，接受來自卵巢排出的卵細胞，另一端與子宮相通；管腔內面的黏膜有纖毛，纖毛運動與平滑肌收縮使卵細胞向子宮方向移動。

4 子宮

　　子宮為一中空、壁厚，看似倒梨形狀的肌肉器官，解剖看來可分為子宮體、子宮底、子宮頸三部分。子宮體是最大的部分，以一窄小的峽部和子宮頸分開；子宮底是兩條輸卵管插入的部位；子宮頸附於陰道上，並突出一小段，於陰道的開口稱為外口，在子宮內的開口為內口。子宮包括子宮外膜、子宮肌層、子宮內膜三層，其中子宮肌層是肌肉組織部分，佔了子宮大部分，大多由不隨意肌組成。

5 陰道

　　陰道是一條肌膜形成的孔道，經由子宮頸開口，連接子宮和外生殖器，可分成上皮組織、纖維性結締組織、肌肉層。陰道壁的黏膜成皺壁，除了具有彈性外，更增加陰道的擴張性，但在停經期間與停經後，會隨著年齡增加而減少。

（二）女性外生殖器

包括陰阜、大陰唇、小陰唇、陰蒂等。陰阜位於恥骨接合處的前方，由一層皮下脂肪組織所構成，下端左右各有一個皮膚皺摺物，此為大陰唇，大陰唇中含有許多汗腺和皮脂腺。

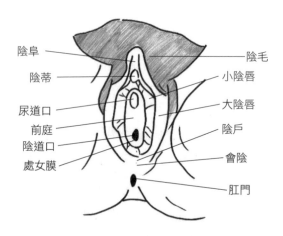

圖 3-2 ▶ 女性外生殖器

資料來源：劉思齊（2009）。性教育學指引。台北市：藝軒圖書。

大陰唇的中央凹陷處有兩個較小的皮膚皺摺物，此為小陰唇，小陰唇上部包圍著陰蒂，陰蒂的作用相當於男性的陰莖，其中也有可以充血而勃起的海綿體。

二　男性

　　男性生殖器包括陰莖、尿道、考伯氏腺（Cowper's gland，附在男性尿道上的小腺體）、前列腺、精囊、輸精管、副睪及睪丸等，這些器官大部分要到青春期才會完全成熟。

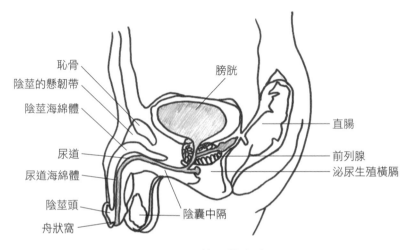

恥骨
陰莖的懸韌帶
陰莖海綿體
尿道
尿道海綿體
陰莖頭
舟狀窩
膀胱
直腸
前列腺
泌尿生殖橫膈
陰囊中隔

圖 3-3 ▶ 男性內外生殖器
資料來源：阮芳賦、林燕卿（2003）。人類性學。台北市：華騰。

1 陰莖

　　分為根部、體部、腺部三部分。根部固定在會陰上，體部由三個海綿體所構成，當一遇性刺激，大量血液灌注後，就會變硬及變直，即勃起。下側的海綿體中間有尿道穿越，陰莖的末端（龜頭）含有許多神經末梢，因此陰莖的末端對性刺激特別敏感，由包皮覆蓋。

2 尿道

男性的尿道除了排尿外，還可排除精液，尿道穿越前列腺，並在其中接受精囊的分泌管、輸精管及前列腺的分泌管。

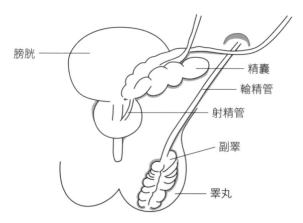

圖 3-4 ▶ 男性內生殖器

資料來源：Bruess, C. E., & Greenberg, J. S. (2004). *Sexuality education: Theory and practice.* Canada: Jones & Bartlett.

3 前列腺

前列腺位於膀胱的正下方，尿道後段約 2.5 公分被前列腺包圍著，有很多分泌小管，可將其分泌物注入尿道中。

4 精囊

作用是儲存精液而非精子，長約 5 公分，位於膀胱後方、前列腺上方，左右各一。每個精囊都會將其分泌物注入一條小管中，迅速與輸精管會合形成射精管。

5 睪丸、副睪和輸精管

在胚胎發育初期，睪丸在與腎臟同高處慢慢的長成，當胎兒滿 7 個月後，睪丸就會開始往腹股溝管下降，逐漸到達陰囊中，如果睪丸不能正常下降到陰囊中，便無法發育成熟而導致不孕。

副睪位於睪丸上緣後方，分為頭部、體部、尾部，功能是儲存剛由睪丸製造出來的精子。

● 第二節　男性荷爾蒙

正常而成熟的精子發育是男性生育的關鍵。精子的產生主要由兩種荷爾蒙調控 ── 濾泡刺激素（follicle-stimulating hormone, FSH）主要是刺激睪丸生成精子；黃體成長激素（luteinizing hormone, LH）則是刺激男性曲精細管間的萊氏細胞（Leydig cell）分泌睪固酮，而睪固酮有助於維持男性性徵。

在睪固酮和其他荷爾蒙的作用下，未成熟的精子細胞經過幾個階段，逐漸成為成熟的精子細胞，稱精子。精子經過副睪，在副睪停留 18 至 24 小時，獲得能量或運動能力。最後，成熟的精子通過輸精管貯藏於精囊，直至射精。整個過程約需 72 天。

男性射精時（或是將精液從陰莖排出時），精囊中的精子混合著來自前列腺和其他腺體的黏稠液體組成精液。精液可沉

積於女性的陰道中，精子穿過子宮頸和子宮使卵子受精。

　　在整個成年期，男性睪丸的精原細胞都可產生精子。該過程由多種荷爾蒙（包括 FSH 和 LH）調控。LH 可刺激睪丸的特殊細胞萊氏細胞產生男性激素睪固酮。FSH 聯合睪固酮刺激睪丸中的細精小管產生成熟的精子。

　　精子是高度特異的細胞，有兩個基本部分──頭部，由頂體形成；尾部，具運動功能。頂體包繞著存有遺傳訊息的細胞核。

　　精子生成是一個低效率、易受挫的過程，每天要產生數億的成熟精子，就需要八倍於其數目的精原細胞。然而，生成的精子中只有一小部分具有受精能力。

第三節　女性荷爾蒙

　　青春期後的女性主要特點就是有月經週期，即每個月有一個卵子（卵母細胞）成熟和釋放，為受精做好準備，這個過程包含促性腺激素的精細系統調控。女性月經週期可分為三期：（1）濾泡期：第 1 天到第 13 天；（2）排卵期：第 14 天左右；（3）黃體期：第 15 天到第 28 天。另外，月經週期由濾泡刺激素（FSH）、黃體刺激素（LH）、雌激素、黃體素等荷爾蒙所調控。

　　月經週期的第一天以月經出血為標誌。此週期的第一階段

稱濾泡期，持續約 14 天。第三階段在排卵後，稱黃體期。

　　一個婦女一生的排卵數在出生前就已決定。在胚胎期，她的卵巢中就產生成了數百萬的特殊配子細胞。其中大部分會退化，剩下的就準備在時機來臨時發育為成熟的卵細胞。開始排卵前三個月，多達三百個卵細胞恢復生長和發育。每個卵母細胞都包在一個充滿水的囊或稱「濾泡」裡，濾泡包裹卵母細胞，並在其發育過程中提供營養。在排卵前兩週，FSH 分泌增加，刺激濾泡生長發育。發育中的濾泡使雌激素增加，雌激素使子宮內層（子宮內膜）增厚，並促進子宮頸黏液的變化，使之最適於精子通過。

　　在 FSH 的影響下，一個優勢濾泡比其他濾泡發育得更快並成熟起來，而其他濾泡則逐漸退化。在排卵前 32 小時，雌激素分泌達高峰，激發 LH 生成高峰，這激發成熟的卵細胞從優勢濾泡中釋放出來。剩餘的濾泡隨後轉變成黃體，黃體分泌黃體素，為子宮內膜的胚胎植入做準備。由於產生了黃體素，因而體溫升高。

　　卵細胞從濾泡釋放後 72 小時內如未與精子受精，黃體則將退化，月經就會來潮。然而，如果發生了受精，生成的胚胎便開始發育，產生人類胎盤絨毛激素（human chorionic gonadotropin, HCG），可使黃體分泌兩種荷爾蒙——雌激素和黃體素，從而確保有利受精卵植入的條件。實際上，血清中出現 HCG 是早期妊娠的第一個指標。

第四節 男女性反應

最重要的人類性反應研究發現是根據 Masters 和 Johnson（1966），他們把人類性反應分成四個時期：

一 興奮期

興奮期是指性慾被喚起，身體開始呈現性緊張的階段，又稱喚起期。性興奮是由肉體和精神心理的刺激所引起，其所需時間快慢不一，快時只需 2、3 分鐘，最慢可長達 1 小時以上。出現這種差異與當事人的心理狀態、情緒、心境、疲勞程度、性刺激的時間、環境和有效性等多種因素有關。一般男性急而快，女性慢而緩。

性興奮開始時，生理反應包括心率加快、肌肉緊張和生殖器充血。

男性達到興奮期的頂峰時，全身肌肉緊張有力、肛門收縮、瞳孔縮小、心跳加快、血壓上升。陰莖因充血而膨脹、搏動、挺舉勃起，尿道口有少許分泌物溢出，陰囊上提並繃緊、精索收縮、睪丸上移。如不立即性交，時間稍長，陰莖充血可能消退，勃起疲軟，但再度刺激仍可再次勃起，以致於多次反覆。

女性性興奮時全身肌肉收縮、心跳加快、呼吸加深、換氣過度、血壓上升。面部表情溫柔、面色潮紅，眼神嫵媚動人，

表現出性的誘惑力。局部乳房增大、乳頭豎起、大小陰唇充血腫脹。當兩側大陰唇的前庭大腺分泌物增加時，陰道口濕潤，陰唇逐漸分開。陰蒂隨著充血腫脹而發硬，且極為敏感。子宮頸和子宮體位置略向上移，使陰道伸長擴張，以有足夠的空間來容納陰莖。

二　平台期（持續期）

平台期是指在更強烈的身體緊張到來之前，一個短促的興奮平緩發展階段，又稱持續期、高漲期。在興奮期和持續期之間，並沒有突然的生理變化作為標誌，而是許多生理反應在興奮期的基礎上持續和進一步加劇，預示著性高潮的生理緊張、肌肉緊張和神經興奮均達到更高的強度。此期從陰莖插入陰道就出現強烈的性感。女方陰道壁收縮，緊握陰莖和臀部的擺動配合也增加了男性的快感。此期約需求 2 至 5 分鐘。

男性此期更為激動，肌肉強直，局部（如面和腹肌）呈痙攣性收縮，血壓和興奮期一樣甚或更高，呼吸短且加深加快，上腹有性紅暈，陰莖較興奮期更為粗壯，陰囊緊縮，性副腺分泌物更多。

女性周身變化同男性。局部表現，陰道內 2/3 段隨子宮提升進一步擴張；陰道外 1/3 段的黏膜發生顯著的充血而呈明顯的縮窄，稱為「性高潮平台」，以便對插入的陰莖產生一種「緊握」作用。故陰莖的粗細大小對女性所感受到的肉體刺激

影響不大，同時，陰道大量滲出潤滑液，以利於陰莖的抽送並增加男性情趣。此期小陰唇伸展並呈深紫紅色，相應增加了陰道的長度。同時乳房繼續增大，乳頭變硬。恥尾肌開始收縮，配合男性的抽動，使陰莖受到「緊握」感覺更為敏感。陰蒂牽動回縮，子宮位置上升。性紅暈則可擴散到乳房和前胸壁，以致臀、背、肢端等處。

三 高潮期

性生活達到高潮是性感、快感的極樂表現。此期是性反應中最短的階段，約數秒至 30 秒左右。其高潮的強度與性器官收縮的次數和時間的長短有密切關係，也與性刺激的方式和強度、對性刺激的心理接受能力、雙方的感情、情緒的好壞等因素有關。高潮期的舒適愉悅、快感無比是許多學者企圖詳述而又難以言傳的內心體驗和感受，而且這種性感受常是因人而異，各不相同的。

四 消退期

消退期是生理心理的鬆弛階段，是性行為全部結束的過程。高潮期男方射精過後，陰莖還有部分勃起，不久就疲軟恢復正常並滑出陰道。雙方情慾趨於平復，肌肉放鬆，心跳呼吸恢復正常，性器官充血消退。

一般而言，男性性興奮狀態的消退要比女性快得多，特別

是陰莖的勃起消失，比陰蒂和陰道的充血消失要快。不過肌肉緊張的現象在兩性均可在 5 分鐘左右消退。男性此時常疲倦思睡，但女性性慾消退則較慢，尤其在女方未達到性高潮時尤其如此。為此，作為男性應了解女性性反應這一特點，並採取相應措施，如繼續擁吻摟抱一段時間，並進行輕柔的愛撫，使女方得到心理滿足，在領略了性快樂以後，互相表示溫存和愛意，使感情達到進一步的加深。

　　此外，男性在消退期存在一個「不應期」。這是指性高潮過後的一段時間內，對生殖器刺激不再能引起性興奮，陰莖亦不勃起，甚至還可能導致生理性不適。不應期是在第二次性興奮高潮前必需的一個鬆弛階段，也是精子蓄積和體力恢復必要的「養精蓄銳」時期。此期的長短與體質、年齡有一定關係，即使同一個人也會因時而異。年輕體壯的青年男子往往不應期只有幾分鐘，而中老年人則長達數小時，甚至一天，才能重新達到性喚起。當然，假如心境良好，雙方性情趣又十分濃厚則不應期可相應縮短。

練習：男女性反應之異同	對每個時期的性反應，各列出男性和女性三個身體呈現的狀況	
	男性	女性
1.興奮期		
2.平台期		
3.高潮期		
4.消退期		

● 第五節 避孕方法

　　在一份聯合國人口基金會發表的「兒童母親：正視少女懷孕的挑戰」之《2013 世界人口狀況》報告中即指出，全球每年有 730 萬不到 18 歲的女性懷孕生子，其中 200 萬是 14 歲以下的少女，她們因為懷孕，長期承受嚴重的健康和社會後果。而內政部 2012 年統計資料顯示，國內每 100 名嬰兒之中，就有 5 位是未成年少女所生，換句話說，1/20 的嬰兒是未成年青少女所生。勵馨基金會執行長紀惠容指出，台灣青少女生育

率高達千分之 12.95，超過日本的千分之 4、韓國的千分之 2.8、新加坡的千分之 8，台灣青少年未婚懷孕比例可說是居亞洲之冠，墮胎的人數也逐年增加，顯見青少年對於安全性行為的觀念仍十分薄弱，而未成年青少女面對非預期懷孕問題，也相當無助（李鴻典，2014）。

一　常見的避孕方式

（一）禁慾

　　禁慾是最有效的避孕方法，同時也是最有效的預防性傳染病方法。

（二）體外射精

　　體外射精指的是在性行為即將發生射精時，將陰莖抽出，使精液射在女方體外的一種方式，其失敗率達 25%。體外射精有兩個困難，第一個是男性的自制能力，第二個是在陰莖抽出陰道之前也有可能已經有精子流出。

（三）自然節孕法

　　包含月經週期法、基礎體溫法、子宮頸黏液法。

1 月經週期法

排卵發生於下次月經來潮前 12 至 16 日，加上精子可存活 3 日，卵可存活 1 日，因此在下次月經來潮前的第 11 日到 21 日間是危險期。

記錄六次以上月經週期，以最短週期減 20，即危險期之第一日，以最長週期減 10，即危險期之最後一日。

月經期至危險期第一日之間為次安全期（指女性不會受孕的期間）。

2 基礎體溫法

排卵時體溫會略降，排卵後體溫即上升，且持續維持 14 日左右，等月經來時才下降。基礎體溫法的測量方式為，婦女每日晨間睡醒下床前先以基礎體溫計測量舌下體溫 5 分鐘，之後再下床漱洗。若體溫維持在 36.4 度到 36.5 度間表示未排卵，若有排卵時則體溫會下降至 36.2 度，而排卵後會回升到 36.7 度左右，須等體溫進入高溫期三日後才算安全期（圖 3-5）。

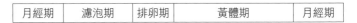

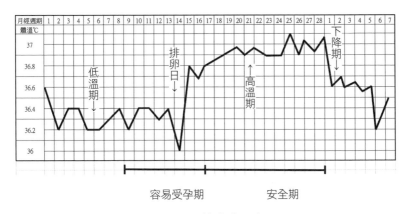

圖 3-5 ▶ 基礎體溫表

資料來源：醫師 Q&A─測量基礎體溫時，如何知道排卵與否？。茂盛醫院。取自 https://www.ivftaiwan.tw/care/?2542.html

3 子宮頸黏液法

　　子宮頸黏液在排卵期會變得清澈，富有潤滑性似蛋清，此情形可維持 1 至 3 日。

　　危險期指月經後，發現黏性分泌物的第一天起，到清澈潤滑黏液出現後的第四天止，共有 7 至 14 天左右，其後均認為是安全期，包括下次月經後之乾燥期在內。

（四）保險套

1 男用保險套

　　是橡膠材質的陰莖套，為了阻隔精子進入女性的陰道內，

如果運用正確的話，是一個有效的避孕方法。它需要在陰莖進入陰道前套用，同時也能有效預防性傳染病。

2 女用保險套

捏成 8 字形，將其內環置入陰道深部，外環蓋住陰道口，可於性交前 8 小時內置入，射精後不需立刻將陰莖抽出女性體外，避孕效果似子宮隔膜。女用保險套既可避孕又可避免性病、無副作用且不需醫師處方，可在藥房買到，由女性自主使用。

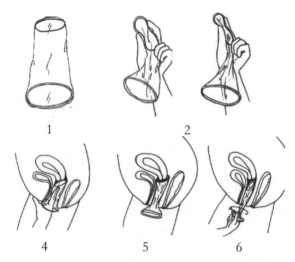

圖 3-6 ▶ 女用保險套使用方法

資料來源：女性安全套使用方法（2016，3 月 11 日）。每日頭條。取自 https://kknews.cc/zh-tw/health/5z5yak.html

（五）子宮帽

　　是一個半球形的乳膠避孕工具，在性交前放入陰道並覆蓋子宮頸口，藉著子宮帽本身及在放入前塗上的滅精膏，作為阻擋精子的屏障，預防精子與卵子相遇和結合，而滅精膏更可殺死精子或減低精子的活動能力。子宮帽不可留在體內超過 24 小時，因為在體內停留過久，可能會引發異味或使陰道分泌物增加。取出子宮帽後，應用肥皂及清水洗淨並用乾毛巾抹乾，放回貯放子宮帽的膠盒內收藏。假如收藏前想在子宮帽上塗上粉末，可使用麵粉或粟粉，切不可使用爽身粉或帶香味的粉末，以免損害膠帽或刺激皮膚。

（六）子宮環

　　到目前為止，醫學界仍未完全確定子宮環的避孕原理，但相信它能促使子宮內環境產生變化，影響精子活動能力及卵子在輸卵管蠕動的速度，並阻止受精卵著床 。

（七）口服避孕藥

　　口服避孕丸所含的人造荷爾蒙能抑制卵巢排卵，因此就不會有懷孕機會。它亦能令子宮內膜產生變化，使受精卵無法著床。此外，人造荷爾蒙更可以增加子宮頸分泌物的黏稠度，使精子難以穿過黏液進入子宮腔內。

　　口服避孕丸分單一及混合荷爾蒙兩種。一般婦女較多採用混合荷爾蒙避孕丸，至於單一荷爾蒙避孕丸則較適合餵哺母乳的婦女使用。

（八）女性輸卵管結紮手術

　　輸卵管是輸送卵子的管道，是卵子和精子匯合受精的地方。輸卵管結紮手術是透過切斷或封閉輸卵管，使精子和卵子不能相遇，達到永久避孕的目的。目前這種手術已發展成一項微創手術。女性輸卵管結紮手術共有兩種，分別為「經腹腔結紮手術」和「腹腔鏡結紮手術」。「經腹腔結紮手術」可在全身或局部麻醉下進行，手術時，醫生在女性小腹下位作約 1 吋長的切割，找出左右兩側輸卵管，然後加以結紮和切斷，或在輸卵管上套上小夾。整個手術過程約需 20 分鐘。「腹腔鏡結紮手術」是在全身麻醉後，醫生會在女性肚臍下方引入腹腔鏡，以觀察骨盆腔內器官的情況。手術方法分有結紮後再加以切斷或燒灼輸卵管，或在輸卵管上套上小夾或小環。

　　女性輸卵管結紮手術是一項永久避孕方法。根據研究資料，婦女在第一年使用這種避孕方法後的意外懷孕機會為0.5%。在很罕見的情況下，結紮部位會再復通，導致有懷孕的機會。如果在這樣的情況下懷孕，可能會出現子宮外孕。

（九）男性輸精管結紮手術

　　男性輸精管結紮手術是將左右兩邊的輸精管切斷及結紮。結紮後，睪丸裡雖然繼續產生精子，但精子已不能經輸精管排出體外。當性交達到高潮時，射精過程仍然照常進行，只是精液中沒有精子，便不會使女方懷孕，所以能達到永久避孕的效果。在非常罕見的情形下，男性在手術後仍有生育能力，這主要是因為輸精管結紮部位又再復通。

　　輸精管結紮手術的避孕效率很高，根據研究資料，在第一年使用這種避孕方法後的意外懷孕機會為 0.1% 至 0.2%。手術後兩週內應避免性生活。結紮手術並不會對性能力及健康有影響，事實上，很多男性在手術後會感到性生活較以前美滿，因為妻子再也沒有懷孕的恐懼，可以接受性生活。

二　新的避孕方法

（一）事後避孕藥

　　事後避孕藥是在沒有避孕防護下發生性行為後的 72 小時（三天）內服用，主要是含荷爾蒙的藥物，俗稱「事後丸」，能使懷孕的機率降到 3% 以下。「事後避孕藥」是含有女性荷爾蒙（雌激素／黃體素）的藥物，其達到避孕效果的原理如下：

1. 抑制或干擾受精。
2. 改變子宮內膜造成胚胎不易著床。
3. 誘導月經或終止早孕。

（二）避孕貼片

是一種女性使用的避孕工具，通過不間斷的散發出激素，抑制排卵，避免懷孕。

圖 3-7 ▶ 避孕貼片

註：1. 這種避孕貼片既方便又有效，它可貼在身體的任何部位。但最理想的部位是臀部、腹部、手臂外側和肩膀。

2. 該貼片與口服避孕藥的作用相似，都是通過釋放低量激素幫助婦女避孕，而該貼片的藥效可持續一周。避孕效果高達 99%，而且沒有任何副作用。

資料來源：愛問女性健康（2017，11 月 10 日）。據說避孕貼，貼在手臂／腹部，就能避孕？。每日頭條。取自 https://kknews.cc/zh-hk/health/4vpxex3.html

我們要知道，並沒有一種所謂「完美」的避孕方法，個人需要找到符合自身「需要」的最好方法。

第六節　生產

胎兒在母親子宮內生長九個月又一週（約 280 天）就已發育成熟，到時就要脫離母體來到人間。雖然每個母親的分娩過

程不盡相同,有快慢及難易之分,但都有一個共同的規律,即先出現子宮規律性收縮,然後子宮口擴張,胎兒通過擴張的子宮口,順陰道而下降,最後胎兒和胎盤相繼娩出。我們把這個分娩的全過程分為三個時期,也就是三個產程。

一　第一產程(第一期)

從子宮出現規律性的收縮開始,直到子宮口完全擴張為止。子宮收縮時孕婦感到小腹或腰部疼痛,伴有下墜感。產程開始,每隔 10 分鐘左右子宮收縮一次,持續時間很短,接著,子宮逐漸收縮越來越頻繁,大約每間隔 2 至 3 分鐘一次,每次持續 1 分鐘左右,子宮收縮力量也加強,子宮口隨之逐漸開大直到擴展 10 公分寬,就叫子宮口開全,這時第一產程結束。在子宮口完全擴張或接近全開時,胎膜自然破裂,隨之有清亮透明的羊水流出來。

二　第二產程(第二期)

胎兒隨著強而頻繁的子宮收縮逐漸下降,當胎兒先露出的部分下降到骨盆底部壓迫直腸時,產婦便不由自主的隨著子宮收縮向下用力,約經 1 至 2 小時,胎兒順著產道從完全開大的子宮口分娩出來,而結束了第二產程。

三 第三產程（第三期）

胎兒生下後，子宮的體積縮小，胎盤隨著子宮收縮而排出體外，這時整個產程全部結束。

一般來說，第一產程約 10 至 12 小時，第二產程約 1 至 2 小時，第三產程約 5 至 30 分鐘。總產程，初產婦約 16 小時，經產婦約 10 至 12 小時。

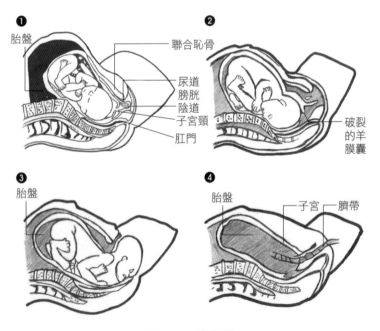

圖 3-8 ▶ 產程圖

資料來源：Bruess, C. E., & Greenberg, J. S. (2004). *Sexuality education: Theory and practice.* Canada: Jones & Bartlett.

第七節　墮胎

　　贊成或反對墮胎，不只是考慮到生命什麼時候開始的問題，還要看個人對生活品質看重的態度和程度，以及個人認為自己對性行為該負多少責任。很重要的是，「你是否可以做到」。應客觀的讓每個人去做自己的決定，不要把個人的看法硬加在別人身上。

　　墮胎的方式一般可分為子宮擴張刮除術、真空刮除術、鹽水注射法、前列腺素墮胎、墮胎藥 RU486 等。

一　子宮擴張刮除術

　　實施在懷孕早期至 13 個星期，手術時間約 15 至 20 分鐘，醫師先用窺陰器進入陰道使陰道壁分開，足以插入金屬管幫助子宮頸擴張，再用刮除器插入子宮，將胎兒及胎盤從子宮壁刮離。

二　真空刮除術

　　真空刮除術似有逐漸取代擴張刮除術的趨勢，普遍用於懷孕早期，直到 12 或 13 星期（三個月）為止。其開頭步驟與擴張刮除術相同，直到子宮頸管擴張到足夠寬度為止，這時醫生把一支消毒過的真空吸引器插進子宮，然後開動真空壓力達 20 至 40 秒，將胎兒及胎盤吸出。

三　鹽水注射法

針對 16 個星期後的胎兒，施行墮胎的醫生在母親腹部插入一針筒，抽出一些羊水，然後注入鹽水，使母親進行分娩產出。

四　前列腺素墮胎

利用前列腺素（一種化學荷爾蒙）注入羊膜之內，引發強力的分娩和早產。

五　墮胎藥：RU486

由法國 Roussel-Uclaf 藥廠發展，RU486（或 Mifepristone）是終止早期懷孕（墮胎）的新一代控製生育藥物。全世界已有超過 15 萬名婦女連同 Prostaglandin（前列腺素）一起服用 RU486，可在懷孕的最初 9 個星期作為墮胎的一種方法。

結論

男性和女性的生殖系統是一非常完美的設計，男性系統產生精子，女性系統產生卵子，而在男女方面都有著相似的荷爾蒙；男女荷爾蒙影響他們的第二性徵，女性荷爾蒙另使其產生規律的經期。

　　男女性之間有著相似及不相同的性反應，Masters 和 Johnson（1966）描述了人類性反應的四個時期——興奮期、平台期、高潮期及消退期。

　　生育的控制，意謂著在生殖過程中有一些介入，這些方法有很多種，有阻隔精子和卵子的子宮帽、保險套等，也有殺精劑、子宮內避孕器，而文化和宗教是決定使用避孕方法的主要關鍵。

　　我們需要對懷孕和生產、早期的親職照顧，及其他如墮胎方面的社會規範、情緒和醫療層面，做一充分的了解，才能以適合自己的方式進行墮胎的決定。

📖 參考文獻

女性安全套使用方法（2016，3 月 11 日）。**每日頭條**。取自 https://kknews.cc/zh-tw/health/5z5yak.html

李鴻典（2014，2 月 20 日）。墮胎逐年增加　勵馨：台灣青少年未婚懷孕比例亞洲之冠。**Yahoo 新聞**。取自：https://tw.news.yahoo.com/墮胎逐年增加-勵馨-台灣青少年懷孕比例亞洲之冠-010000554.html。

阮芳賦、林燕卿（2003）。**人類性學**。台北市：華騰。

愛問女性健康（2017，11 月 10 日）。據說避孕貼，貼在手臂／腹部，就能避孕？。**每日頭條**。取自 https://kknews.cc/zh-hk/

health/4vpxex3.html

劉思齊（2009）。**性教育學指引**。台北市：藝軒圖書。

醫師 Q&A—測量基礎體溫時，如何知道排卵與否？。**茂盛醫院**。取
自https://www.ivftaiwan.tw/care/?2542.html

Bruess, C. E., & Greenberg, J. S. (2004). *Sexuality education: Theory and practice.*
Canada: Jones & Bartlett.

Masters, W. H., & Johnson, V. E. (1966). *Human sexual response.* Boston:
Little, Brown.

4

CHAPTER

性所包含的層面

主要概念

❶ 性心理發展的各種理論

❷ 自尊是性成熟的關鍵

❸ 態度不一定能轉換成行為

❹ 擁有小孩是要有計畫的

人們對於人類性心理層面的理解遠比生理層面少，但它是重要的。性心理發展階段的知識、自尊對性成熟的重要性、性態度及行為的關聯性，以及傳統性別角色在健康性別觀裡所受到的限制等，這些在性教育的領域內均是心理層面的內容。

第一節 性心理發展理論

一 佛洛依德

佛洛依德（Freud, 1856-1939）是心理分析學派的創始人，他是維也納的醫師，其論及人格的發展以性動機、性發展及情慾發展為基礎，主張人們的生活及情愛同為本能的天賦（蔡欣玲，2007）。他將與病人會談的資料加以分析，並配合自己的生活經驗，歸納發展出第一個與人格發展有關的重要理論。佛洛依德認為人的所有行為都是有意義的，且受過去經驗影響，其理論談到人格包含三種意識層面：意識、潛意識與前意識，以及三種人格結構：（1）本我，是人格系統中最原始的部分，蘊含許多原始的本能驅力，即性本能及攻擊本能，其常有強烈尋求被滿足的傾向，完全採快樂原則；（2）自我，是人格系統中適應實際社會生活的部分，其善用現實原則來駕馭快樂原則；（3）超我，是人格系統中組織良知及道德價值觀的部分，是自我監督內省的機構，它的形成是後天的，在自我形成後才

逐漸發展而來（李淑杏，2009；蔡欣玲，2007）。

　　此外，佛洛依德相信人格特質與性發展是同時發展的，他提出兩個本能作為人類行為之能量及動機：一為性本能，是為延續種族；一為攻擊本能，是為保護自己（陳若琳，2005）。佛洛依德的心理分析理論是具有影響力的，他所強調的潛意識動機和自我防衛機轉具有獨特的價值，且發展出對於心理治療的洞察力。然而，佛洛依德性心理理論的發展被限制在其領域之中，過於強調以性為議題的行為為基礎，以及性心理衝突的解析，因為佛洛依德理論的發展是以成年心理疾病病人的治療為基礎。事實上，對研究者來說，佛洛依德的許多想法並不容易被施測。佛洛依德的觀點發展過程呈現如下：

（一）自我喜愛

　　從嬰兒時期持續到大約 4 或 5 歲，此階段呈現的是對自我的專注。對自我的態度包含自我關心、溫和及參與度，會於此階段形成。為了讓孩子能在態度上穩固的發展，必須經歷關懷與身體上的接觸。如果傳達愛給孩子，讓孩子覺得安心，他就會發展出對自己的正面態度，這些態度會決定孩子長為成人之後，表達及感受對他人的愛與關懷的行為。

（二）對父母的認同

　　性別角色是此階段應該學習的，與同性成人的緊密接觸在此時相當重要，因為這個成人會成為孩子的模範，示範給孩子適當的兩性角色。有些理論家相信同性戀是由於無法在此階段完成這樣的課題所導致的。

（三）成群結隊

　　持續於整個小學時期，此階段兩性互相避免接觸的情形非常明顯。雖然佛洛依德稱此階段為潛伏期，因為他相信這個時期很少有性方面的事會發生，但我們現在了解此時期的孩子們參與許多性的體驗，如他們玩「醫生」與「扮家家酒」的遊戲。此階段亦幫助孩子學習合作行為及強化男性與女性的角色。

（四）成人異性戀

　　從青春期開始，孩子們將專注力轉向異性，約會在此時出現，練習談戀愛。根據佛洛依德的理論，每個性發展階段會為下一階段提供基礎，在任一階段有障礙的人將滯留在該階段。此人或許會經歷其他階段，但無法完全達成他們滯留階段的要務。例如，如果一個人在自我喜愛階段沒有被給予關愛、身體上的安慰及安全感，那他可能無法發展出溫和及關懷的能力，也可能無法對他人表現愛。

二　愛瑞克森

　　愛瑞克森（Erikson, 1963）的心理社會發展理論（psycho-social development theory）包含人生所有時間，亦描繪出每個時期的主要任務。愛瑞克森強調在每個發展時期的獨立責任，以及有機會達到正向並健康的解決該階段的危機。愛瑞克森將生命分為八個階段，各個階段都需要達成某些課題，這些課題是以每個人所需應付之危機的形式出現，這些階段與危機如下所述：

（一）出生到 1 歲

　　處於嬰兒期，危機是「信任」對「不信任」，重要的人際關係為「母親」。此階段他會發現這個世界是否可以信任，以及父母是否會達成他的要求等。當照顧者提供餵食、保護、舒適和情感時，嬰兒會學習到信任；當其需求未被滿足時，他們會發展出不信任。

（二）1 歲到 3 歲

　　處於幼兒期，危機是「自主」對「羞恥心」，重要的人際關係為「家庭」。此階段孩子會發現自己的心靈與意志，學習自主與合作兩者之間的平衡，增加控制排泄的功能，學習自己進食。幼兒開始覺得「我能夠自己做」，並擁有獨立感。此時

可允許獨自玩耍和探索這個世界（在安全的限制下），以及擁有一些程度的獨立性，若是照顧者有太多的限制，他們對自己的能力將會發展出羞怯與懷疑的感覺。

（三）3 歲到 5 歲

　　處於兒童期，危機是「自動自發」對「退縮愧疚」，重要的人際關係為「家庭」。此階段孩子發展漸露的良知去體驗環境中所發生的一切，能自由選擇有意義的活動。孩童們的運動神經及智能不斷的提升；他們繼續探索環境，以及在許多新事物上得到經驗；主動承擔責任及實現計畫。若照顧者不能接受孩童發展進取的本能，會形成孩童因錯誤行為所導致的罪惡感。

（四）5 歲到 12 歲

　　處於學齡期，危機是「勤奮進取」對「自卑」，重要的人際關係為「鄰居／學校」。此階段的知識與技術迅速發展，而孩子喜歡被認同且對批評相當敏感，在學習中若有過多的指責與困難會導致自卑。孩童們在學校和家中接觸到學習的需求，他們藉由成就和人際互動發展出自我價值的感受，並希望自己在知識及技能上有所貢獻，否則他們在與他人的關係中會有自卑的感覺。

（五）12 到 17 歲

　　處於青少年期，危機是「自我統合」對「角色混淆」，重要的人際關係為「同儕團體」。這是認同感發展的時期，孩子可能發展出認同感或感到困惑，愛瑞克森稱此為認同混淆。青春期會發展出強烈的自我感，否則他們在生活中對自己的認同及角色會產生混淆，需重新審查自己，找出「我」是誰。

（六）17 到 22 歲

　　危機是「親密」對「孤立」，此階段與朋友的親密和與異性的親密關係有關，重要的人際關係包括：友誼、性、競爭、合作夥伴等；若無法發展出親密關係會導致孤立。

（七）中年

　　危機是「創造生產」與「停滯」，重要的人際關係為「家庭」。此階段他們會為他人擔心嗎？或者他們只滿足於自己所追求的？成年中期的人需承擔責任，在社區、職場和家庭扮演成年人的角色，以及給予下一代教導和指教、為下一代付出心力，否則可能導致人格耗竭、自我中心和停滯。

（八）老年

　　危機是「完美無缺」與「悲觀絕望」，重要的人際關係為「氣味相投者」。此階段能發展出對以前及之後發生之事的連

貫性，能對所有人產生認同，而無法應付的人會導致失望，且對人生感到失落。成年晚期個體會評價他們的生活和接受自己的現況，否則可能因為無法發現自己生活的意義而絕望。

練習一：檢視性發展的階段

　　為了知道你所屬的階段，請回答以下問題：

1. 你目前屬於愛瑞克森理論的哪個階段？

_____

2. 此階段的危機是如何呈現？

_____

3. 你希望此危機被如何解決？

_____

4. 你希望下一階段的危機，以何種形式出現？

_____

三 社會學習理論

　　研究發現，人們的學習無法以操作制約來解釋，有時在沒有增強或懲罰的情況下，人們藉觀摩周遭他人而學習，即所謂的模仿或觀察學習（林美珍、黃世琤、柯華葳，2007）。性態

度與行為發展的解釋，可在社會學習理論發現。根據 Lewin（1935）與 Rotter（1954）的著作，以及更近期的 Bandura（1989）社會學習理論，描述社會強化了個體的態度與行為。如果你表現出關愛，而他人亦以關愛回報你，你可能會繼續對他人表現關愛。如果你表現關愛，而他人卻嗤之以鼻，你可能就不會再這麼做了。

　　社會學習指出如小孩子，甚至是大人，都是以他人行為作典範的。如果我們的父母對彼此展現愛慕，且他們大方的親吻與擁抱，我們會學習類似的行為——特別是如果觀察到該行為的正向效應。然而，如果父母一方展現愛意，但另一方拒絕，那我們或許會為了避免被拒絕而選擇不傳達愛意。相同的，成人以觀察不同性行為與態度的結果而感同身受。

● 第二節 自尊與性成熟

　　研究性心理發展的理論家與研究者，大致上同意自尊是性成熟裡最顯著的變項。自尊與性成熟有什麼關聯呢？如果你有極高的自信，則你對於自己的資源限制都感到無礙；如果你在年少時，無法適當的處理性心理發展各個階段的問題，那你可能會發展出對自己的負面觀感，例如，若你未受到關愛，你或許會覺得自己是個不值得被愛的人；如果你在愛瑞克森所謂「勤奮進取對自卑」階段受到太多指正，你可能會相信自己是不如人的。

罪惡感也可能會影響性行為，McCary（1982）提出「一個年輕人對自己的性行為越感到內疚，那他在婚前性體驗的親密程度就越受到阻礙」。愛瑞克森推論罪惡感阻礙了主要發展階段課題的完成，而佛洛依德視罪惡感為許多心理障礙的主因。Burchell（1975）描述自尊與性能力之間的關係；低自尊會減弱這層關聯，而高自尊「提供了培養任何關係的基礎」。Burchell 相信許多性障礙導源於低自尊。根據 Burchell 所言，「接受」快樂、「承認」個人的性癖好、「尋找」個人的性喜好及「滿足」個人的性需求等，便能提升自尊。

在我們的社會中，自尊對女性的影響與男性有些不同。我們的文化重視吸引力以及「理想的」身材，所以大多數的女人無法達成這些要求而喪失自尊。自尊被描述為「與他人如何看待我們有關」，如果我們無法令他人印象深刻，則會喪失自尊（Sabini, 1992）。低自尊對女性的不良影響為飲食失衡（Pettijohn, 1992），像暴食症與厭食症是由不同心態引起的，大多是女性試圖要控制身材以達到她們理想的狀態。男性亦受外表形象所苦，例如他們覺得自己太瘦弱而參加超量的重訓以增長肌肉，這種情況稱為「肌肉上癮症」（muscle dysmorphia）（Greenberg, Bruess, & Oswalt, 2014）。

● 第三節　性態度及行為

　　性態度是在人生過程中經由經驗和增強發展而來的。像新生兒穿著顯示他們性別的衣服（藍色代表男生，粉紅色代表女生）；孩子會玩「你讓我看你的，我就讓你看我的」的遊戲及撫弄自己的生殖器；而青少年則會團體自慰等，這些是經由這樣的過程所形成。例如，愛他人可以藉由擁抱、親吻及握手等身體接觸來表現，我們也許會在真實世界中實行此知識，而以這些方式表示愛，並因此經歷接納、關懷及愛，這加深了「相愛的人身體接觸是適當的」之想法，所以我們以後傾向於以這樣的方式表現愛。

　　遺憾的是，看法與行為間的關係很難一致。雖然想法是行為的一種傾向，但我們的表現和認知會出現不同。例如，在嬰兒期表現愛慕卻被拒絕，或在嬰兒期玩弄自己生殖器而被責怪的人，在成人後或許會對於以肢體表達愛慕的方式感到猶豫。又例如有些人認為懷孕是該經過計畫的，但性交時卻未採取避孕措施，或一些人相信兩性平權但卻要求妻子待在家處理家務或照顧孩子。問題在於我們有許多想法但卻彼此互相牴觸。當它們互相衝突，我們會選擇最重要的表現於行為中，例如相信兩性平權的丈夫，或許更相信孩子需要一個全職的媽媽才能使他健全成長。

　　認同自己的想法及價值觀，當這些被釐清，人們將更能在

性方面做出符合自己需求的決定。想法及價值觀可以藉由自省的學習策略來釐清，而非灌輸特定思想及價值理念。

父母的影響在年少時最為重要，因為與社會機構或他人的接觸在此時是受局限的。學校亦扮演影響學生看法及發展的角色，兄弟姊妹與同儕亦如同父母般被當作模範而有顯著影響。同儕的看法及行為在一生中都會被學習，而青春期時父母的影響漸減，同儕影響漸增。我們需要學習分辨並洞悉這些影響自身看法、發展的因素，在性方面做出更明智的決定。

◗ 第四節 參與性行為的決定

許多性方面的決定是由於心理考量及需求，其中之一為決定是否發生性行為。有些人尋求性方面的連結，是因為他們覺得自己不被人所愛，且希望有人可以擁抱他、親吻他及有緊密的身體接觸，這些需求雖可藉由其他方式達成，但性行為是肢體上最能展現出被愛的；有些人性交是因為享受其所引起的快感；還有人覺得性行為是一種成人的表現。同儕壓力肯定在個人決定性行為前有主導性。

不管個人的動機是什麼，在決定性交前有許多變項需被考慮，例如年齡。而其他需考量決定性交的因素包括：婚姻狀況、之前的性經驗、道德及宗教教條，以及懷孕機率與希望。

在有關青少年行為的研究中，國內青少年性行為發生的比

率雖不及國外，但有增加的趨勢。從國內的相關研究了解，台北市五專五年級有性行為的男生，其婚前性行為由 1979 年的 20.7%增加到 1988 年的 35.2%；女生則由 4% 增加至 6.9%，顯示性行為比率增高的現象（晏涵文、林燕卿、張利中，1998）。再者，從大學生的性行為來看，也顯示有性行為男生佔 64.36%，女生則是 49.68%（余沛玲，2004），由此可見男生有性行為的比例仍高於女生，並也反映出女生有性行為的比例與男生逐漸拉近距離。

62% 的年輕人表示他們在 18 歲之前都有過性經驗（Sexual behavior among high school students – United States, 1990, 1992），由此，青少年高懷孕風險就能被理解了。而另一個加重此風險的數據，是顯示只有 36%青少年能指出月經週期裡最容易受孕的時期（Reschovsky & Gerner, 1991）。

●第五節 結婚的決定

結婚有許多誘因，婚姻提供伴侶，有人承諾要與你一起分享生命中的重要時刻是很棒的；婚姻提供安全感，婚姻關係的親密可以減少現今社會上所需經歷的焦慮、恐懼及不安；婚姻提供性慾的出口，你的性需求會在關愛的狀態下被滿足是很吸引人的；婚姻增加自信且知道自己值得他人嫁娶，能相信自己是迷人且有價值的；婚姻可提供財務上的穩定，因為經濟許可

而追尋你想要的生活；婚姻提供合法的生育，如果你想要孩子，而你確信社會認可的家庭／婚姻是對他們最好的話，你或許會想結婚。

雖然婚姻有如此多誘人之處，我們還是必須了解並非所有的婚姻都可達成這些期望。高離婚率說明了這項事實。在美國，雖然離婚率從 1981 年每一千人中有 5.3 人降低至 2004 年的 3.7 人，但仍有超過 10%的人口離婚（U.S. Census Bureau, 2007）。而台灣在 2017 年有 138,034 對新人結婚，結婚率千分之 5.86，離婚率為千分之 2.31（內政部統計處，2017）。此外，單身生活亦有許多吸引人的地方。例如，單身在職涯選擇及目標上提供更多彈性，因為遷移或晚歸不會影響到另一半；單身亦能允許有不同的性伴侶、心理與社會的自主權，以及更多與朋友或其他團體（如社會或政治組織）相處的時間，這可以避免對自己不滿意，但卻被法律束縛在令人失望的關係中。

● 第六節 生孩子的決定

一個重要心理層面的關鍵是生孩子的決定。成為父母被賦予一個重要的責任，但許多父母對於實際狀況卻了解不多。愛瑞克森將傳宗接代視為中年的一項課題，經由另一人的出生延續自我。父母的身分可以滿足中年的需要，對於將生孩子視為男子或女子特質表現的人，生孩子更能證明他們的男女性氣

質。對於在稅前年收入 44,500 美元的家庭來說，扶養孩子到 18 歲所需的費用總計為 143,790 美元，而稅前年收入 44,500 至 74,900 的家庭需 197,700 美元，而超過 74,900 美元收入的家庭需要 289,380 美元（U.S. Census Bureau, 2007）。在台灣養育一個孩子的花費，其基本生活費、學費、零用金（1 歲至大學階段）等，約需 500 至 700 萬台幣，可見付出的金額頗為可觀（教育部，2017）。

　　決定要不要生孩子，是一個不容易的決定，除了考量經濟外，是否有足夠的時間陪伴、教育孩子，自己本身的情緒、精神狀態的安定也很重要。一個不成熟的人，在面臨孩子生病、哭鬧、日夜作息不定的情況下，則容易傷害、虐待孩子，造成孩子身心方面的創傷。

練習二：你適合當父母嗎？

　　下表可以用來探索影響身為父母因素的問題。小孩子如果因為父母的錯誤或缺少前瞻性而受罪，是很令人遺憾的。如果所有懷孕都是計畫中或需要的那是最好，不想當父母的人必須避免性行為或採用他們能接受的避孕方式。這份練習希望能達到減少一些生育的缺憾、虐待兒童的情況，幫助減少父母與孩子的情緒問題並帶來更多歡樂。

你適合當父母嗎？

生養孩子符合我想要的生活方式嗎？	撫養孩子需要知道什麼？
1. 我從生活中想獲得什麼？我認為什麼是重要的？ 2. 我可以同時兼顧好孩子及工作嗎？我有足夠的時間及精力應付兩者嗎？ 3. 我已經準備好放棄我想做什麼及何時做的自由了嗎？ 4. 我願意減少我的社交生活而花更多時間在家庭上嗎？我是否會想念我的自由時光和隱私？ 5. 我養得起一個孩子？我知道養一個孩子要花多少錢？ 6. 我想要在我現在所居地養育孩子嗎？我能夠搬離嗎？ 7. 孩子會如何阻礙我的成長以及發展？	1. 我喜歡小孩嗎？當我和小孩相處一會兒時，我對於總是有一個孩子在我身邊是什麼感覺？ 2. 我喜愛教導他人嗎？ 3. 對我來說，讓他人知道我想要的、需求以及期望很容易嗎？ 4. 我想要給孩子他需要的愛嗎？關愛對我來說容易嗎？ 5. 我有足夠的耐心能應付這些噪音、困惑以及 24 小時的責任嗎？我自己需要什麼樣的時間以及空間？ 6. 生氣或沮喪時我會如何？當我發狂時我是否會對孩子出氣？ 7. 訓練對我來說是什麼？自由、設定限制或給予空間對我來說又是什麼？太嚴厲或不夠嚴厲又如何定義？我想要一個完美的小孩嗎？

生養孩子符合我想要的 生活方式嗎？	撫養孩子需要知道什麼？
8. 孩子會影響我的就學計畫嗎？我是否有足夠的精力能夠同時上學和撫養小孩？ 9. 我是否願意奉獻我生命中的大半部分，至少 18 年為一個小孩負責？並且耗費我大部分的人生為我孩子的福利著想？	8. 我和我父母的相處如何？我如何避免我父母所曾犯下的錯誤？ 9. 我如何照料孩子的健康與安全？我如何照料自己？ 10. 如果我生了孩子才發現我後悔了怎麼辦？
我內心的想法如何？	我和伴侶討論過 當父母的事了嗎？
1. 我喜歡和小孩一起做事嗎？我喜歡小孩子們的活動嗎？ 2. 我想要一個「像我一樣的」小孩嗎？ 3. 我會將我的想法以及價值觀傳遞給小孩子嗎？如果他的和我的不一樣怎麼辦？ 4. 我希望我的孩子達到曾經我希望自己做得到但卻沒達成的事嗎？ 5. 我希望我的孩子在我老年時能陪伴我嗎？我有這樣對我的父母嗎？我的父母有對他們的父母這樣做嗎？ 6. 我想要男孩還是女孩？如果和我希望的不同呢？ 7. 有孩子會讓他人覺得我很成熟嗎？ 8. 藉由生孩子會更能證明我是個男人或女人嗎？ 9. 我期望孩子能讓我的生活開心嗎？	1. 我的伴侶想要有孩子嗎？我們討論過原因了嗎？ 2. 我們能提供孩子一個舒適的家嗎？我們的關係是快樂且緊密的嗎？ 3. 我們都準備好奉獻時間與精力給孩子了嗎？ 4. 我們是否能不嫉妒的和孩子們分享愛？ 5. 如果在有了孩子後我們離婚了，或是其中有一人死亡呢？ 6. 我的伴侶和我了解彼此對宗教、工作、家庭、養育孩子以及未來目標的看法嗎？我們的想法相近嗎？孩子會符合我們的這些想法、希望與計畫嗎？ 7. 如果我們當中有一方想要孩子而另一方不要，由誰決定？ 8. 這邊所列的問題，哪些在做決定之前是必須討論的呢？

結論

　　本章一開始介紹三種性心理發展理論。佛洛依德性心理發展四階段為自我喜愛、對父母的認同、成群結隊以及異性戀。愛瑞克森定義八個階段且每階段會遇到與性心理發展有關的危機。自尊是影響個人性成熟最重要的關鍵，是提供對自我正面價值的發展環境，而探索罪惡感和自信關係亦應是性心理的一部分。

　　性發展在性中是一門重要的課題，由認知及經驗發展而成。然而看法與行為間是不一致的，有些看法並不會表現在行為上。當一個人擁有相矛盾的看法時，某些看法會被賦予優先權，最終會表現出其認為最重要的一種。學習釐清自己的性態度及價值觀，以及決定哪個看法為優先，這是十分重要的。

參考文獻

內政部統計處（2017）。**婚姻與家庭**。取自 http://www.moi.gov.tw/ stat/index.asp.

余沛玲（2004）。**探討大學生親密關係滿意度之研究—以某科技大學為例**（未出版之碩士論文）。樹德科技大學，高雄市。

李淑杏（2009）。**人類發展學**。台北市：新文京。

林美珍、黃世琤、柯華葳（2007）。**人類發展**。台北市：心理。

晏涵文、林燕卿、張利中（1998）。青少年婚前性行為及其趨勢之探討。**台灣性學學刊，4**，1-14。

教育部（2017）。**國內各級公、私立學校學雜費收費標準**。取自 http://www.kiwi86.com.tw/Student/press_Add/Pess_Form2/Help_07.htm

陳若琳（總校閱）（2005）。**人類發展學**。台北市：啟英文化。

蔡欣玲（2007）。**當代人類發展學**。台北市：華杏。

Bandura, A. (1989). Human agency in social cognitive theory. *American Psychologist, 44*(9), 1175-1184.

Burchell, R. C. (1975). Self-esteem and sexuality. *Medical Aspects of Human Sexuality, 9*, 74-90.

Erikson, E. (1963). *Children and society*. New York, NY: W. W. Norton.

Greenberg, J. S., Bruess, C. E., & Oswalt, S. B. (2014). *Exploring the dimensions of human sexuality* (5th ed.). Boston, MA: Jones & Bartlett.

Lewin, K. (1935). *A dynamic theory of personality: Selected papers* (DK Adams & KE Zener, Trans). New York, NY: McGraw-Hill.

McCary, J. L. (1982). *Human sexuality* (4th ed.). Belmont, CA: Wadsworth.

Pettijohn, T. F. (1992). *Psychology: A concise introduction* (3th ed.). Guilford, CT: The Dushkin Publishing Group.

Reschovsky, J., & Gerner, J. (1991). Contraceptive choice among teenagers: A multivariate analysis. *Lifestyles, 12*(2), 171-194.

Rotter, J. B. (1954). *Social learning and clinical psychology*. Englewood Cliffs, NJ:

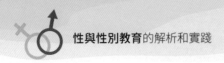
Prentice-Hall.

Sabini, J. (1992). *Social psychology*. New York, NY: W. W. Norton.

Sexual behavior among high school students–United States, 1990 (1992, January 3). *Morbidity and Mortality Weekly Report, 40*(51-52), 885-888.

U. S. Census Bureau. (2007). *Statistical abstracts of the United States*. Washington, DC.

5

CHAPTER

家庭教育與親密關係

主要概念

❶ 性教育與家庭教育的關係不可分割

❷ 約會代表多重意義

❸ 同居率增加

❹ 婚姻雖然依舊存在，但是形式已在改變

❺ 家庭正處於不斷發展／進化的變化中

❻ 對子女的養育是一種技巧，並且是可以學習的

● 第一節 家庭教育

何謂「家庭」？一般而言，會認為家庭是一群因血統、婚姻或領養所組成的人口群，負有生育和照顧其中成員的職責（Schaefer & Lamm, 1995）。而朱岑樓（1991）對家庭所下的定義則是「其組成者包括成年人（至少有一對無血親關係而經由婚姻結合之成年男女）和小孩（成年人之婚生子女），最低限度之功能，需在情感需要方面給予滿足與控制，包括性關係和生育教養子女之社會文化情境」。

家人關係是各種關係中最普通也最持續的。Schaefer 分析影響家人關係的四個要項：（1）家庭的大小；（2）家庭的組成方式；（3）父母的態度；（4）子女出生的間隔，這些都影響家人關係，也更影響家庭的每一個成員（引自彭懷真，1998）。

一個人的角色扮演是多重的，有時是他人的男／女朋友，或是員工／上司。但是「家人角色」的扮演形式卻只有一種，雖然你可能扮演女兒、扮演家長、扮演媳婦，或者扮演姪女姪子，但你依舊是扮演家人的角色。

下表是一個家庭扮演角色的反思練習，你可以在下表中列出你所扮演的家人角色，並且選擇一個你最想扮演好的角色。從練習當中，可以協助增進你在家庭中需要加強扮演的角色之功能。

練習一：家庭角色

　　列出你所扮演的家庭角色，從中選擇一個你最想扮演好的角色，並說明為什麼：

＿＿＿＿＿＿＿＿＿＿＿＿＿＿＿＿＿＿＿＿＿＿＿＿＿＿

＿＿＿＿＿＿＿＿＿＿＿＿＿＿＿＿＿＿＿＿＿＿＿＿＿＿

＿＿＿＿＿＿＿＿＿＿＿＿＿＿＿＿＿＿＿＿＿＿＿＿＿＿

＿＿＿＿＿＿＿＿＿＿＿＿＿＿＿＿＿＿＿＿＿＿＿＿＿＿

＿＿＿＿＿＿＿＿＿＿＿＿＿＿＿＿＿＿＿＿＿＿＿＿＿＿

● 第二節　衝突的解決

　　家人之間缺乏傾聽、強調輸贏、不了解對方、不想辦法解決問題等都會讓彼此之間的衝突升高。請看下列案例分析，試著了解案例中的問題。若是你，你會如何做呢？

📢 情境一

浩宇：中秋節快到了，我希望妳可以跟我一起回我家過節。

芮淇：你現在才問我？！我已經跟我家人說你要跟我回我家過節了！

浩宇：妳太神經質了！妳甚至沒問過我是不是要回妳家過節？

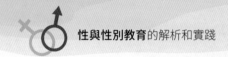
> 芮淇：問你？你總是工作到很晚才回家，我根本找不到時間
> 　　　跟你說說話，更何況要問你回家過節的事。
> 浩宇：那妳希望我怎麼做？不要工作嗎？妳真的很自私，妳
> 　　　知道嗎？
> 芮淇：我本來就是這樣。你可以選擇回我家過節或者現在就
> 　　　分手。
> 浩宇：那就再見！

　　情境一當中男女主角的問題，你發現了嗎？兩人都不服輸，都想贏。在此情境中，他們有三種選擇：（1）去浩宇家；（2）去芮淇家；（3）分手。但是無論如何選擇，兩人都會不舒服。那該怎麼辦呢？是不是可以換一個情境說話，找尋另一個出路？

📢 **情境二**

> 浩宇：中秋節快到了，我希望妳可以跟我一起回我家過節。
> 芮淇：你現在才問我？！我已經跟我家人說你要跟我回我家過
> 　　　節了！
> 浩宇：妳認為我們應該回妳家過節？
> 芮淇：是的！我爸媽已經在做準備了。
> 浩宇：如果我們取消回妳家過節，妳爸媽一定很失望？

芮淇：沒錯！

浩宇：妳認為妳若沒回家過節妳爸媽會覺得不高興？

芮淇：是的！

浩宇：妳是否也覺得不好意思，如果妳父母已經認為我們要回去過節，但我們卻臨時改變主意？

芮淇：是的，我想我會。

浩宇：聽起來妳真的希望我們可以回妳家過節。

芮淇：是的。

浩宇：我真的很高興妳把我算進去妳家過節的一份子，但是我也真的希望今年妳可以跟我回我家過節。我已經很久沒看到我家人了，而我知道我家人真的很喜歡妳。我對於妳在計畫假期時並沒有問我想法，也感覺有一點不舒服。

芮淇：對不起！我想你也有權利的。

浩宇：好了，讓我們一起來想想看，有什麼其他的辦法。

芮淇：也許我們可以一半的時間在我家，一半的時間在你家。

浩宇：又或者我們可以邀請妳的家人來我家過節。

芮淇：要不就待在這兒，兩邊都不去。

浩宇：看起來我們有很多不同的可能性。若是每邊各待一半的時間，會浪費許多時間在車程上。

芮淇：若叫我家取消所有的活動到你家更不可能。

> 浩宇：同樣的，若我們待在這兒兩邊都不去，兩邊也都不會
> 　　　同意的。他們會氣炸的。
> 芮淇：若是這次在某家過節，下次就換到另一家過節，這樣
> 　　　可行嗎？
> 浩宇：聽起來似乎滿合理的。既然妳已經規劃好了，那這次
> 　　　就到妳家過節。
> 芮淇：好啊！那下次就換到你家過節。

在這個情境中，浩宇做到了什麼？以下四個溝通的步驟，讓浩宇順利化解可能的衝突，也找到了可行的方法。你猜對了嗎？

1. 主動傾聽：反映出對方的話語感受。
2. 找出對方在溝通中的位置：陳述／確認對方當時的想法與感受。
3. 找出可行的解決方法：集思廣益不同的可能性。
4. 評估解決方法：針對解決方法的可行性做決定。

第三節　溝通

在看過兩種情境的溝通模式後，是否發現溝通技巧很重要？溝通技巧也許也可以幫助你成為一個好的家庭成員，並在日常生活中增進你的人際關係。

一　澄清非語言的部分

　　當我們上課或參加團體活動時，若覺得有趣，則會表現出高度興趣，例如全神貫注或者上身向前傾、眼神盯著講者；若是沒興趣，則會背靠後面或頻頻換姿勢，這就是身體語言。當人們覺得無法用言語表達他們的想法或感覺時，會使用非語言的身體姿勢告訴我們一些訊息。然而，身體語言卻時常被人們忽略或錯誤解讀，因此，在溝通中澄清身體語言是非常重要的一環。例如，一對第一次約會的男女，看完電影在河邊散步時，男生觀察到女生的呼吸變快，解讀為對方對自己有性的興趣與慾望，而對女生有更進一步的碰觸。此時女生卻覺得這位男生態度輕浮，進展速度太快而有所抱怨，男生則覺得莫名其妙，不知道為什麼女生會生氣？這樣的情景，告訴我們兩人對身體語言的解讀錯誤，會影響彼此的關係。因此，試著找出自己常有的身體語言，並探索其中所代表的意義為何，如此可幫助你讓自己語言及非語言的訊息傳遞能夠一致，以免造成溝通上的誤解。

二　找個時間好好聊一聊

　　現今大家都太忙，以至於無法好好談一談對彼此的看法或需要。因此若要增進你與他人的溝通能力，那麼你需要計畫一個適當的時間與他人好好談談。在計畫找時間與他人聊一聊

時，Greenberg、Bruess 和 Haffner （2004）有幾項建議可以給大家作為參考：

1. 確認你有足夠的時間去做有意義的討論。
2. 不要讓電話或其他人中斷你們的討論。
3. 接受所有的感覺以及表達這些感覺。
4. 有時必須冒險表達你真正的感覺與想法，不要期待對方可以猜出自己想說什麼。
5. 盡量讓彼此都了解你們討論的目的是為了促進彼此間的關係。

三 傾聽

「傾聽」這樣的溝通技巧乍看是很容易理解與表達，但是在衝突時卻時常被忽略。傾聽與反映即使在面對衝突的情境時，依然是一個有效的溝通技巧。試著多用一點心在傾聽上吧！

四 始於「接受／同意」的態度

想想看是否有類似經驗：當你不認同一個人的時候，卻仍可以跟他侃侃而談？此時你一定會覺得非常訝異。這樣的情境其實不難做到，只要你讓彼此的溝通開始於「接受／同意」的態度之下，很多時候會幫你化解許多的衝突，所謂「伸手不打笑臉人」，也就是這個意思。

五　使用「和／與」，而不是「但是／可是」

　　「但是／可是」這樣的字眼很像橡皮擦，會將你之前的話語擦掉，而引起不必要的誤會。試著用「和／與」這樣沒有強烈拒絕意味的字眼來取代「但是／可是」。

六　使用以「我」為開頭的句子

　　很多時候我們會嘗試讓對方照著我們的期望或表現出我們希望的行為，但是當角色互換時，我們會表現得非常忿忿不平。這一類情況有時候是因為語言的使用上出現問題所致。例如，當老闆今天要求我們這個星期六加班時，若你希望不要加班，那麼你應該避免使用「當你要求我星期六加班時，我覺得非常不公平……」，而應該使用「當我被期待要星期六加班時……」，這樣的句子會讓人覺得你的焦點不在老闆的行為，而在於你所處的情境，你的感受是來自於這樣的情境。如此一來可減少老闆的防衛心，這樣才能有進一步協調與討論的空間與可能。當我們說「我」時，焦點在於我們自己的感覺、信念及解讀。那麼對方會覺得少一點威脅，也比較願意傾聽我們的想法，如此才能得到更滿意的溝通結果。

七　避免使用「為什麼」

　　以「為什麼」為開頭的句子容易使人產生防衛心，且具有批判的意味。例如：「為什麼你沒有帶今天要開會的東西？」

或「為什麼你都不多花一點時間陪我？」這樣的句子讓人感覺咄咄逼人與受到批判。

● 第四節 約會

　　約會本身代表多重意義與需要。它有可能是為了好玩有趣、一種自我認同及提升自尊的媒介、性活動的前奏、為了愛、化解無聊或大家都在約會等。但約會也提供了人們獲取親密感的機會，無論是身體的親密或者是愛的關係中所呈現的親密感受。因此，約會是一個促進關係很有效的元素，而關係也隨之呈現出它不同的風貌。練習二提供你思考約會情境與對象，再從中探索其所代表的意義。從表格所呈現的內容，你可以嘗試思考看看，約會對象中誰是最有幽默感的？或者跟誰聊天是最有趣的？在什麼樣的地方你覺得約會最棒或不適合約會？原因是什麼？你在尋找伴侶關係、性活動、性關係或者結婚的對象嗎？從表格的訊息中可以協助你反思你在尋找什麼樣的關係。試試看！

練習二：約會計畫	約會對象	約會地點	喜歡約會地點的理由	不喜歡約會地點的理由	喜歡跟對方約會的理由	不喜歡跟對方繼續約會的理由

第五節 同居

根據調查，2004 年約有超過四百萬美國人與異性同居（Popenoe & Whitehead, 2005）；另依據 Simmons 與 O'Connell（2003）的調查，約有一百萬人與同性同居。根據估計，25 歲到 39 歲未婚女性者最多有 25% 目前與人同居，而另外 25% 的女性則在過去曾經有過同居經驗（Popenoe & Whitehead, 2000）。相較於五十年前，目前約一半的人在第一次婚姻時即先經歷同居的過程（Bumpass & Lu, 2000）。同居意味著不僅是作為一個檢測未來婚姻生活的工具，它更被考量的是處於婚姻

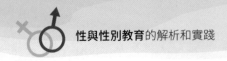
與約會間的過程。

同居的目的可歸納如以下幾點：

1. 同居介於約會與結婚之間，是測試的婚約，但沒有法律效力。

2. 提供友伴關係，但沒有法律、經濟承諾。

3. 為已有成年子女的鰥夫寡婦提供友伴。

4. 滿足性需求、性慾望。

（1）比有婚姻關係的夫妻有更多的性行為。

（2）同居的女性有較高比率在性行為中採取主動。

（3）三分之一的人有外遇。

因此，對於「同居」這個問題應該要將宗教與道德因素、經濟考量、關係中的角色定義、親朋好友對未婚同居的看法及分手的議題等納入討論。

結婚並非為組織家庭的唯一方式，歐洲部分國家仍有相當高比重的男女選擇以同居的方式組織家庭。瑞典、紐西蘭及法國 20 至 24 歲女性同居比率均逾六成，分別為 77%、67% 及 63%，而加拿大亦達 46%。隨年齡增加同居比率下降，惟其中瑞典 30 至 34 歲女性同居比率仍逾三成。西方國家同居現象較普遍，反觀我國 20 至 24 歲女性同居約 2.7%，可見東西文化背景及社會環境存在顯著差異。

由於西方國家同居情形甚為普遍，致非婚生子女比率亦較

高，其中以瑞典及愛沙尼亞之 55% 及 52% 較高，美國及加拿大亦逾三成；由於社會風氣開放及價值觀的改變，各國之非婚生子女比率幾乎呈上升趨勢，殊值關注。而以正式婚姻關係組織家庭較普遍的亞洲國家，非婚生子女比率相對較低，日本 1990 年僅 1%，台灣 2001 年則約 3.6%，較 1990 年之 2.1% 增加 1.5 個百分點（蔡惠華，2003）。

第六節　婚姻與發展

　　婚姻仍是大多數人的選擇，至今也仍有部分的婦女婚後改從夫姓。但是，婚姻型態雖然仍存在，卻已在改變之中。根據 2017 年調查，美國 25 歲到 29 歲者約有 62.3% 從未結過婚，約有 31.3% 的人口是已結婚，但是也有將近 2.6% 的人離婚（U.S. Census Bureau, 2017）。什麼樣的人才是最佳伴侶？人們又要如何抉擇才能降低離婚率？無論如何，預期中的伴侶應該是要能溝通彼此的價值、信念、渴望、性的偏好、孩子的渴求、誰來負責避孕、誰主外誰主內等等議題，從中發現彼此的相似性及協調性。

　　因著工業與科技的現代化與發展，現今的家庭形式有所轉型，目前大多由早期大家庭形式轉為核心家庭形式；隨著生育率下降，家庭生活也有所不同；壽命延長亦使得社會出現老化現象。此外，大量的離婚導致了家庭形式改變，離婚中約有

75% 會再婚，因此造就單親家庭及繼父母家庭（stepfamilies）形式的增加。而不同對的繼父母家庭會再重組成另一個繼父母家庭，這些混合家庭（blended families）本身也有許多外在壓力與內在調適的挑戰。還有一些因為離婚、經濟因素導致離開原生家庭，後來又再回到家庭生活的還巢兒（boomerang children），這些成年後的還巢兒再回到原生家庭後，必須重新適應家庭所帶來的某些限制，例如原本的自由減少、較少的隱私及承擔較多照顧家庭的責任。團體家庭（group families）是另一種家庭形式，它由許多人彼此互相連結成一個大家庭的關係，共同承擔家務、經濟責任、小孩教養等等。叢聚家庭（cluster families）則是同住在一個屋簷下，但彼此家庭生活分開、經濟獨立，可互相合作，也會承擔一些日常事務分工或公共事務責任。

第七節　教養子女

我們希望可以從觀察或經驗的引導中知道什麼是好的父母，而不會犯下我們父母曾經有過的錯誤，讓下一代比上一代更好。基本上若有這樣的思維是非常好的，然而事實證明並非如此。心理學家證明我們經常會去模仿或者複製我們父母的行為或思維，例如父母有酒癮的家庭中，小孩有極高可能成為另一個酒癮者。許多組織及專家學者相信，若提供教養子女的相

關教育給人們，其可從中學習如何成為一個好的父母，那麼就不會重複上一代曾有的錯誤。美國國家家長教師協會（National Parent Teacher Association, PTA）及美國畸形兒基金會（National Foundation March of Dimes）提出教養子女相關教育應包括：（1）生殖的生物因素；（2）基因遺傳學；（3）懷孕、胎兒發展及生產；（4）營養；（5）環境危險物品，例如酒精、菸及其他毒品或藥品；（6）母親產前產後的照護；（7）新生兒照護；（8）兒童發展與成長；（9）家庭結構與功能；（10）父母角色與責任；（11）家庭計畫與人口控制；（12）關於教養子女的社區資源（U.S. Census Bureau, 1998）。

教養小孩是生命中最有價值的責任，亦是一個成人的工作，這份工作需要做很多事，因此人們應該是自己確定想要小孩而擁有小孩。當父母本身生活有困難時，其所扮演的教養角色也許就會出現問題，教養子女與工作之間有時很難取得平衡。養育出快樂的孩子是最大的收穫，隨著文化的差異，教養子女的方法也會不同，但基本上需能提供孩子成長。如果青少年時就懷孕生子，其過程是特別困難的，對青少年而言，此時當父母會中斷他們學校的課業、生涯規劃、社會及家庭生活。隨著小孩成長，父母與子女之間的關係會隨之改變，大部分教養子女訓練教育中，其共同的目標為增進父母與子女間的溝通、對彼此需求能多一份認知、找出適當的方式對待彼此（National Guidelines Task Force, 1991）。

第八節 單親家庭

根據美國人口調查，1970 年至 1990 年單親家庭比率由 6% 升高至 12%；2005 年時約有 33% 小於 18 歲的小孩與單一父母同住（U.S. Census Bureau, 2007）。升高的單親家庭比率大部分意謂著婚姻分居、離婚或未婚懷孕而不是單親去世。在 2005 年時約有 14% 的單親家庭是以父親為主，這代表著男人的角色在轉變，必須承擔及適應更多之前女性在家庭中的角色工作及功能。單親家庭生活下的父／母必須比一般家庭承擔更多的生活壓力，包括教養小孩、工作、日常開銷等。好的教養子女技巧來自父母良好的婚姻狀態，因此以下建議將有助於單親家庭的教養：（1）必須誠實告知孩子造成單親的理由；（2）向孩子確認他不需要對分居或離婚背負責任；（3）盡量維持原本家庭生活的常規，不要有太大變化；（4）不要嘗試身兼父母兩職，而是建立家庭相互合作的氛圍；（5）若已離婚，則必須認知你與前任伴侶關係已經結束，不要給孩子錯誤的希望去恢復伴侶關係；（6）確保孩子仍擁有愛與照顧；（7）不要利用孩子當作與前任伴侶分居或離婚的談判籌碼；（8）鼓勵其他親友提供關愛，讓孩子仍能維持在家庭中的歸屬感。

結論

因為「性」包含人本身及其所扮演的角色，當然包含你在家庭中的角色。可以藉由溝通技巧改善你的家庭生活，例如主動傾聽、反映對方的感受及適時提供你的觀點，嘗試從中找出解決衝突的方法。對於肢體語言的溝通也必須學習觀察與澄清，避免使用「為什麼」及「但是」，而以「和／與」及「我」來取代語言的表達，以避免不必要的誤解。約會及同居代表多重不同的意義，但藉由約會可以讓人們學習伴侶關係與溝通，而同居所伴隨的宗教及道德議題、實踐議題及心理議題，都是關係所必須涵蓋的層面。結婚與離婚依然存在我們所處的社會之中，但它的運轉模式已悄然改變，不論異性或同性婚姻，從法律層面到人心接受度，從非法到承認合法的過程，皆隨著時代在改變，因此教養子女的形式也隨之改變，但如何確保孩子在多樣變遷中依然受到該有的愛與照顧，是不可忽略的一環。

參考文獻

朱岑樓（1991）。**婚姻研究**。台北市：東大。

彭懷真（1998）。**婚姻與家庭**。台北市：巨流。

蔡惠華（2003）。從統計看婦女婚姻及家庭角色之轉變。**主計月刊**，**571**，28-36。

Bumpass, L. L., & Lu, H. H. (2000). Trends in cohabitation and implications for childrens family contexts in the United States. *Population Studies, 54*(1), 29-41.

Greenberg, J. S., Bruess, C. E., & Haffner, D. W. (2004). *Exploring the dimensions of human sexuality* (2nd ed.). Boston, MA: Jones & Bartlett.

National Guidelines Task Force. (1991). *Guidelines for comprehensive sexuality education.* New York, NY: Sexuality Information and Education Council of the United States.

Popenoe, D., & Whitehead, B. D. (2000). Should we live together? National Marriage Project, Rutgers. Retrieved from http://nationalmarriageproject.org/wp-content/uploads/2013/01/ShouldWeLiveTogether.pdf

Popenoe, D., & Whitehead, B. D. (2005). The state of our unions. *National Marriage Project, Rutgers, The State University of New Jersey.* Retrieved from http://marriage.rutgers.edu

Schaefer, R., & Lamm, R. P. (1995). *Sociology.* New York, NY: McGraw-Hills.

Simmons, T., & O'Connell, M. (2003). *Married-couple and unmarried-partner households.* Washington, WA: U.S. Census Bureau.

U.S. Census Bureau. (1998). *Family composition begins to stabilize in the 1998.* Washington, DC.

U.S. Census Bureau. (2007). *Statistical abstracts of the United States.* Washington, DC.

U.S. Census Bureau. (2017). *Statistical abstracts of the United States.* Washington, DC.

6

CHAPTER

性的社會議題

主要概念

❶ 人們在任何年紀、任何形式、任何情況都是性的個體

❷ 性是多元化的

❸ 性與法律在許多層面上是相關的

在檢視某些社會議題與性之間的相互關係時，過去的注意力焦點多為年輕人，而往往忽視一個事實：人終其一生都是有性的個體，因此還需考慮到老年人、不同種族、身心障礙者與身體疾患者等不同群體的性需求。

第一節 性存在於所有的年齡、形式和狀況

一 年輕人的性

人從一出生，性的發展就已經開始，一個孩童成長至成人，受到許多社會的影響，如電視、卡通、電影、書籍、廣告等，這些皆形塑了他的性行為。性的刺激無所不在，青少年會對自己身體的好奇、玩起一些裸露的遊戲，當他們有相關的性活動時，往往挑動著成人的情緒，事實上他們需要協助，了解他們為何玩這些遊戲及做性活動背後的動機。

由於青少年多數性知識的來源是同儕，使得他們對性無知，因此有需要提供正確的訊息使其了解有情色的想法和性幻想是自然的，協助他們去處理這些好奇和需求。

是否要給年輕人性教育，不是個選擇題，事實上他們的性議題每天都在社會層面進行著。重點是所提供性教育內容正確與否，會影響年輕人對性的認知。

二 老年人的性

　　台灣老年人口急速增多，在 24 年間（1993-2017），老年人口已經從 7.1% 提升至 14.05%，到 2025 年我國的老年人口將超過 20%，進入超高齡社會（內政部統計處，2017）。

　　年輕至中年時性生活沒有間斷且頻繁的人，到老年的時候通常依然對性興趣高昂，且功能沒有減退。反之，早期性生活不活躍的人，到老年也就容易停擺。

　　根據 2001 年一家市場研究公司調查 25 歲至 65 歲以上的人每週做愛兩小時以上的比率，受訪人數有 1000 位，得到以下的結果（引自 Kreinin, 2001）：

年齡	百分比
65 歲以上	25%
25 至 64 歲	44%

　　多數退休老年人非常注意自己的外貌，每週花 3 小時以上梳洗、美容及做健身運動。由瑞輝藥廠於 2003 年對全球 29 國，27,500 位 40-80 歲成人所做的調查中，有 57% 男性和 51% 女性在過去一年中，每月保持至少 1-6 次性行為，並對性生活感到滿意。由此可知老年人的性生活並不是停止狀態，有些人甚至比年輕人更活躍（李淑娟，2003）。

練習一　　　關於老年人與性的一些「迷思」，你對下列的這些說辭有何看法和反應？

1. 老年人是無性的。
2. 老年人很少有性活動。
3. 停經女人會導致嚴重身體障礙。
4. 性功能問題源於早期的過度使用。
5. 子宮切除後性活動便終止。
6. 食物或催情劑有助性反應。

很多老年人會尋求一些營養補充品來提高他們的性表現，但事實上沒有食物或者藥品被證明可以有此效果，所有顯著的效果其實都是心理作用。

有部分男性雖然有前列腺問題，甚至需要開刀，但性活動並不會因此停止，手術前後的性功能也沒有顯著的差異。

Cross（1989）認為如果可以記得並應用下列六個簡單原則，則會有益於老年人的健康：

1. 所有老年人都是有性的：他們有性的想法、價值觀、經驗跟感受，許多人也有性活動。

2. 老年人對於良好的性關係有特殊需求：許多老年人經歷過許多生理、心理以及社會的改變，他們或許無法

像從前一樣容易覺得愉悅。溫暖、親密及安全良好的性關係，對他們將會很受用。

3. 身體／生理的改變：一般而言，身體／生理的改變是循序漸進的，而且可以有方法彌補。男性要勃起可能需要較長時間，陰莖的硬度會減低，精液的量也會減少，但性反應的緩慢可以花多點時間來彌補。女性則可能陰道萎縮與乾燥，但補充雌激素或使用潤滑劑都可以克服。

4. 社會對老年人的態度令人沮喪：我們的社會習慣否認老年人的性。文化、規範和風俗習慣也限制老年人的性活動，例如住在療養院或養老院的老年人缺乏隱私，而這與他們的性活動息息相關。

5. 不用則廢：性活動不能儲存起來等日後再用，相反的，如果不用就會退化。

6. 老年人做得更好：年輕人的「表現好」，通常是用陰莖的硬度或溼潤的陰道來衡量，但老年人有無可取代的優點，像是經驗豐富、有較多的時間、態度隨著年紀增長而改進。最重要的是，他們不再需要證明自己生理的反應，而可以用其他替代方式滿足性活動的需求。

　　老年人有充足的性知識和健康的態度是重要的，對一般人也一樣，因為這會對晚年的性活動有更大的幫助。

　　威而鋼、犀利士、樂威壯等勃起藥物，讓年輕人意識到老年男人也需要有性，但是在文化中，往往傾向阻礙老年人的性活動及性動機。對女性來說，如果正在經歷或已停經，荷爾蒙補充療法可使她們覺得較舒適，但需要考慮副作用的影響。

　　仍有許多性議題是可以提供給老年人，並且與他們溝通的，例如：

1. 新關係的建立與協商。
2. 如何保護自己（例如性傳染病）。
3. 適應老化等生理的改變。
4. 鼓勵他們成為可以被年輕人請教性問題的「前輩」。

三　不同種族者的性

　　我們經常不自覺用雙重標準對待不同種族的人，事實上這樣的迷思需要發展出一整套結構來支持。有關種族的性迷思包括性慾、性能力，甚至解剖學上的身體差異，但事實上沒有任何證據顯示這是對的。

　　真正影響性態度跟行為的是文化差異，而不能完全歸因於種族。近日關注的焦點在於異族通婚或交往情況的增加，以及相異種族的收養。

四　身障者的性

身障指的是因為中樞神經系統的損傷或惡化（如腦性麻痺、痙攣疾病 [Seizure Disorders]、腦傷、脊柱裂）、肌肉骨骼的病變或失能（如肌肉萎縮症、特發性幼年型類風濕性關節炎、脊椎側彎、骨髓炎），或由於母親懷孕期間受到輻射、X光線、病毒感染、化學藥物、激素的影響產出畸型的孩子，或因意外傷害造成的殘障而造成生理上的困難等，影響生活上的功能。

這些身障者也有性的需求，他們的性也需要被滿足。由於身障的問題很多種，必須依個別狀況來處理，包括他們失去控制身體的能力、失去照顧他人的能力、害怕失去他人及不被他人接受的感覺。所以身障者的感受及身體形象是很重要的議題，往往影響著親密關係的互動。

五　智能障礙者的性

和身障者的情況雷同，我們的社會多半只注意到智能障礙者的其他需要，卻忽略了性的部分。即使注意到他們的性，通常也採取限制，或假設他們沒有興趣或無法管理。

事實上，大多數智能障礙者的性發展過程和一般人的發展模式相當一致，智能障礙者如正常人一般，有相同的性需求和感情。智能障礙者一生中在性方面所面臨的課題與正常人無

異，但他們必須承受身心障礙的限制，而遇到更多且更嚴重的性問題。某些身心障礙兒童或年輕人會在家裡、教室及公共場所公開自慰，以及隨意觸摸別人（同儕、同事）或穿著不得體的衣服上班。這些其實都需教導，但是許多因素影響父母教育智能障礙子女，如性知識不足、負面的性態度、溝通的不自在等，都是影響父母從事性教育的阻力。

某些家長相信智能障礙者還是一個小孩，他們沒有性的需求，不會造成對性的威脅。還有人認為智能障礙者沒有能力使用避孕方法以控制生育，可是不少研究顯示，對智能障礙者執行避孕的教導是成功的。性攻擊迷思背負著子女被性侵害的壓力，以及擔心子女不會控制慾望，容易性侵別人的想法。

其實溝通情形最大的障礙，來自於父母擔心性議題一旦被打開，將容易引起智能障礙子女對性的興趣，誘發性行為。因缺乏談論兩性主題時的自在感，當與子女溝通性相關的主題時會感到尷尬，或覺得自己無能力教導。雖然大眾公認教師是教導學生性教育的最佳人選，但教師在執行性教育時仍有其困難和障礙，因為教師也可能有著如家長一樣對性有不自在，及溝通時的尷尬。

六　患者的性

過去醫療人員不會和患者討論性，因為羞於啟齒，但現在性史已經像是病史的一部分，會依照標準化程序來詢問。患者

多半對疾病感到罪惡，而性總是與罪惡產生連結，因此患者會下意識的避免進行性活動。有些病患會限制自己的性活動，但通常並不是因為這麼做是必須的，而是因為醫療人員沒有告訴患者這限制是不必要的。

醫療人員必須使患者覺得討論性是合宜的，對疾病的罪惡感也是正常的。此外，患者恢復性活動是必須的，在符合個人健康的前提下，可避免對人際關係及自我概念（self-concept）造成有害影響。此外，也要理解性問題可能透過其他的生理症狀來顯現。

女性的乳房手術、摘除子宮、剖腹生產或其他生產手術，可能讓她們在意自己外觀上的改變，也會擔心做愛時癒合的傷口會裂開、性功能是否正常等問題。教育課程可以解答她們的困惑，緩和並且調整她們的心情。

心血管疾病患者也會擔心心臟病發作而自我限制性活動；他們也會認為自己沒辦法再做愛，所以大幅減少或乾脆不做。然而大多數的例子顯示，心血管疾病患者終其一生仍能夠有正常的性活動。

許多醫療人員對於疾病與性的關係，往往只重視生理功能與疾病教育，卻沒有全面關注到人的性需求以及其他重要的部分。傳統上，醫療人員很少與病人討論性的議題，因為彼此都覺得尷尬，但此一情況已漸漸改善中。生病的人通常覺得性是不需要的，疾病可能造成性活動的限制，但有些限制並非必

須，而是醫療人員沒有與病人詳細討論。因此，醫療人員應主動與病人討論性的議題，及早恢復病人的性活動。對於影響外觀之手術，也應該給病人教育課程，增加其適應力。

練習一：思考右列問題

1. 哪些事會造成性功能障礙？

　　_____

2. 你認為身體疾病一定會造成性障礙嗎？

　　_____

3. 如何協助由身體疾病造成的性障礙？

　　_____

● 第二節 性的生活形式

一 婚姻

　　花 15 分鐘，仔細思考婚姻到底是什麼？寫下你自己的婚姻誓言，它可反映出你在婚姻中的期待。

　　1. 我們會一起走過一生嗎？

假如我們彼此對婚姻厭倦了，我們將分離且絕不再關心對方。

2. 當考慮結婚時，完全了解此關係會在一方或雙方要求下結束。婚姻關係發生前所獲得的財產將屬於個人擁有，在婚姻關係之後獲得的財產要均分。兩人若同意生小孩，一旦小孩出生，雙方均同意一起照顧。

3. 快樂即成功婚姻的處方包括許多成分：愛、了解、耐心、幽默感、關係照顧等。

二　不生育者

和從前不同，現在許多已婚者選擇不要有小孩。這種改變的理由是什麼呢？可能是過去孩子代表勞力、有經濟上的價值，而現在卻可能是沉重的經濟負擔；可能是養小孩不再被視為婚姻中必要且必然的一部分；也可能是在外工作的職業婦女增加了。我們需要提高對此狀況的意識，並且增加思考這個議題的機會。反對和贊成有小孩的討論可能會很激烈，而人們需要對這個選擇有更多的認識，並且做出明智的決定。

選擇成為頂客家庭可能的七大理由如下：

1. 夫妻雙方以事業為重，不願意讓孩子影響自己的工作。

2. 要作「新新人類」的代表，他們有全新的婚戀觀、家庭觀、生育觀。所以拒絕「第三者」（孩子）插足。

3. 不讓自己和孩子太累，認為自己勢必會為子女成長費
   盡心血，所以還不如不生育。

4. 對家庭生活沒有信心，在自己對生活還沒有十足的把
   握時，不要孩子。

5. 受經濟條件的制約，認為自己現在的工作還不夠穩
   定，希望能創造更好的經濟條件，讓孩子出生後有好
   的生活。

6. 把家庭幸福的條件放寬，認為沒有兒女承歡也一樣可
   以活得很充實。

7. 相信社會保障功能的進步，這些家庭認為「防老」未
   必非得「養兒」，家庭的保障功能逐步由社會來承擔。

三　同居

　　婚前同居顯然是個趨勢，它指的是未婚、有性關係的伴侶
同住一個屋簷下，分擔家務。美國過半數的首度婚姻都經歷過
同居生活。它也被年輕人普遍接受，60% 美國高中高年級生認
為婚前同居是個好主意，可以確定彼此是否相處得來。另外，
同居的理由還包括：可以分擔家用、在對方身上可以學到更
多、看這個伴侶是否適合結婚。同居之後假使不合，分手也比
婚後相對容易（Popenoe & Whitehead, 2000）。

　　楊靜利（2014）談到台灣 2010 年同居人數為 76 萬，近年
來人數應也相對提高，以年齡分布來看，女性以 30 至 39 歲同

居人數最多,其次是 50 至 59 歲。

今日在瑞典、芬蘭與丹麥等國家,同居與結婚在法律上幾乎享有完全相等的地位,不論是關係結束之後的財產分配、贍養費或子女監護權等,都與離婚的規範一樣。

在我國,結婚雖然不是生育的必要條件,卻是生育的重要條件,婚外生育必須背負相當的社會壓力,實際採取行動者並不多。

練習三:婚前同居	澄清一下你的感覺,想想看,為何人們選擇婚前不住在一起,寫下你的看法與理由? ＿＿＿＿＿＿＿＿＿＿＿＿＿＿＿＿＿ ＿＿＿＿＿＿＿＿＿＿＿＿＿＿＿＿＿ ＿＿＿＿＿＿＿＿＿＿＿＿＿＿＿＿＿ ＿＿＿＿＿＿＿＿＿＿＿＿＿＿＿＿＿

四　契約婚姻

和伴侶訂下契約,對一些人來說是不可想像的事,他們認為婚姻應該是神聖的,而不應被視為純法律的安排。但有些人覺得訂契約也是不錯的選擇,因為往往在結婚時,強烈的情感

會阻礙了理智的思考。

　　契約婚姻有一種是在完全尊重關係的前提下進行，例如雙方協議每三年簽一次約；另一種則是將許多雙方該做的事項細節明訂在契約之內。還有一種是兩者都包含。

　　「婚前協議書」也有增加的趨勢，有些不合法的事項會在婚前協議書上成立，而婚前協議也多半會發生在一方或雙方再婚的情況下。它規約的範圍可能包括財產、孩子等，複雜程度會因伴侶需要而定。

練習四：婚姻協議書

1. 花些時間澄清並想想，如果是你，會如何寫下你的婚姻協議書。這個練習並無關你是否結婚，也無關你是否曾經想要結婚。你的協議書內容可能便是你婚姻中所需要的。協議書中你覺得最重要的包含哪些？例如，家庭責任問題、經濟問題、是否要有孩子、如果關係要終止時你要做些什麼等等問題。

_____

2. 你覺得婚姻協議書要在婚前訂好嗎？

_____

●第三節　性與法律

性與法律的關係遠比人們所想的還要廣，不只包括性行為，還包括所有與性有關的服務、性歧視的合法性，以及與性有關的教育行動之合法性。

一　法律對性議題相關的規約

在我們的社會中，有許多關於成人性行為的禁制法條。多年來應對它們的趨勢是擱置，而不是冒著風險去改變它。在美國一些州，只要是成人間彼此同意的性行為就被許可的想法有增加的趨勢。

當前受到關注的則是同性戀的合法性議題。在不同的時代對於同性性行為的規約有著不同的法律。即使在 2003 年，美國仍有 24 個州禁止口對性器、肛門對性器的性行為，即使是在家進行也不可以。至 2017 年，在全世界已有 25 個國家對於同性婚姻全國合法及部分地區合法，包括荷蘭、比利時、南非、西班牙、挪威、瑞典、加拿大、葡萄牙、冰島、芬蘭、馬爾地夫、德國、澳洲、阿根廷、美國、墨西哥、丹麥、烏拉圭、法國、巴西、紐西蘭、英格蘭、盧森堡、愛爾蘭、哥倫比亞（維基百科，2018）。

而亞美尼亞、愛沙尼亞和以色列則承認在其他國家結婚的同性伴侶具有法律效力。對於台灣和奧地利而言，同性婚姻分

別在 2017 年 5 月和 12 月經其憲法法院確立通過法律裁定，在其憲法法院限定日期內完成同性婚姻的法制化。

台灣的同性婚姻議題與相關社會運動，起始於 1980 年代末期祁家威提出同性婚姻法制化的請願。現行婚姻規範法源起中華民國《民法》親屬編，當中沒有承認同性婚姻或同性結合的法律地位。

為了使同性婚姻在台灣合法化，同志團體自 2012 年起積極推動《多元成家立法草案》，並就現行《民法》條文不允許同性婚姻提請司法院大法官釋憲。反對人士擔心法制化後危及現行婚姻概念，故大力反對以修行《民法》的方式讓同性戀者與異性戀者享有相同的婚姻法源，部分則認為可以另立專法來處理同性婚姻，但支持同婚的民法派認為如此形同隔離政策。現實台灣主流政黨包括民主進步黨、中國國民黨及時代力量均支持同婚。

2016 年 11 月 8 日，執政民主進步黨控制的立法院一讀通過《民法》親屬，亦編部分條文修正草案，並於 12 月 26 日司法及法制委員會初審通過，全案須送朝野協商。

2017 年 5 月 24 日，司法院公布釋字第 748 號解釋文，宣布現行《民法》未保障同性婚姻自由及平等權已屬違憲，要求行政院和立法機關兩年內完成相關法律之修正或制定，以保障同性婚姻的權利，成為亞洲首例。2018 年 11 月 24 日台灣舉行全國性公民投票，其第 10、12 案通過同性婚姻不直接修改民

法，會以其他形式讓其釋字第 748 號釋憲案得以實現（維基百科，2018）。

二　性的治療及服務之合法性

墮胎與性病，是性的治療與服務攸關法律最明顯的兩個議題，其他還包括產前照顧、藥癮與毒癮的治療、心理治療等等。墮胎的爭議始於對生命的看法不同，過去三十多年來，美國聯邦最高法院的判決不斷出現，在胎兒可於子宮外存活前，孕婦均有權選擇終止妊娠，且政府不能進行干預。2010 年 4 月美國內布拉斯加州州長海因曼簽署了兩項限制墮胎法，一項是禁止懷孕 20 週以上的婦女墮胎，理由是這個階段的胎兒已有痛感，醫生在這個情況下實施墮胎，將受到重罪指控，只有在孕婦面臨死亡，或出現無法逆轉的重大身體功能損傷風險的情況下才允許墮胎；另一項法律則是要求醫護人員在實施墮胎前對孕婦的各項風險進行篩檢，以避免手術後出現精神和身體問題。

另一個議題是治療未成年人所感染的性病。美國在法律上雖然保障未成年人接受治療的權利，但同時醫療人員也有義務通報家長。近年出現的另一議題是校園的生殖健康照顧資訊與服務，由於愛滋病氾濫，美國有些學校允許校內提供保險套。

三 法律與性歧視

美國早期性歧視的案例多發生在對懷孕學生與老師的歧視，且多半出現在公立學校，但近年在私立學校和職場也常發生。

目前美國法律規定，學校不可將懷孕學生排除在任何課程和活動之外（除非她自己選擇不參與），孕婦學生應擁有相同的受教權。懷孕學生現被視為一種類似疾病的狀態，完全依照個人的狀況來決定是否參與活動，而非由校方或雇主來決定。

性少數員工除工作上直接遭受歧視外，在待遇上也受到差別待遇。例如，雇主在醫療保險上給予較不利之對待，而這些醫療保險給付約只佔員工總收入 37% 以上（焦興鎧，2009；Woods, & Lucas, 1993）。此外，美國早期並未准許同性戀者辦理伴侶註冊，以享有與異性結婚者幾乎相同之福利給付，從而這些同性戀員工之同性同居人，往往無法得到配偶待遇（焦興鎧，2009；Sarasohn, 1994）。工作上性少數受到各類歧視，根據 1993 年相關調查研究顯示，約 16% 至 46%之同性戀受訪者指出，其曾因性傾向而遭到就業歧視（焦興鎧，2009；Badgett, 1995），包括拒絕僱用、被發現即被解僱，以及與女性或少數族裔員工同樣面臨「玻璃天花板效應」，而無法晉升至決策階層（焦興鎧，2009；Landau, 1994）。

美國公平就業機會委員會（Equal Employment Opportunity

Commission, EEOC）在 2012 年曾公開支持保護 LGBT（Lesbian, Gay, Bisexual, Transgender；女同性戀、男同性戀、雙性戀、性別置換者）員工，避免其因性傾向及性別認同而受到歧視。在執行行動成效上，聯邦部門的 LGBT 員工在有關就業歧見保護的進展是比私部門好（Banks, Stiff, & Kramers, 2015）。

　　這些進展主要是行政命令的保護。1998 年柯林頓總統的 13087 號行政命令，其修改是由尼克森總統的 11478 號行政命令而來，其行政命令內文主要是禁止因女性、少數民族和男同性戀、女同性戀、雙性戀、性別置換者的關係受歧視（Banks, Stiff, & Kramer, 2015）。歐巴馬總統 2014 年發布 13672 號行政命令，再次擴大 LGBT 聯邦部門員工的就業保護。

　　2015 年 11 月 23 日，羅德島州健康保險委員會委員發布了一個公告，說明健康保險公司、醫療保健提供者和健康保險消費者不得對個人的性別認同或健康方向有所歧視，此法案要求該州的單人洗手間要標記為「所有性別可用」的設備。

　　2012 年 1 月 1 日，加州性別非歧視法案（Gender Nondiscrimination Act）生效。加州自 2004 年起已禁止對跨性別者及性別不確定者在住房和就業方面的歧視，並自 2005 年起禁止在公共場所的歧視。這些均說明法律逐漸深入這些議題，促進性少數與一般人享有同樣的福利和待遇。

結論

　　人們所面對的性問題，需要被了解和支持。很多的迷思、性的興趣、想法和行為均在生活中持續著，這些在年長的人身上也一樣，老年人同樣有性需求，不因到了老年一切就停止。此外，包含身心障礙者、罹病者，他們也是有基本的性需求，然而多數人卻忘記他們的需求，尤其在今天的社會，生活及親密關係的層面越來越多元，教導思考及做出合適自己的選擇和決定更是重要的。

參考文獻

內政部統計處（2017，3 月 11 日）。**106 年第 10 週內政統計通報（我國老年人口數首次超過幼年人口數）**。取自 https://www.moi.gov.tw/stat/news_detail.aspx?sn=11735

李淑娟（2003，11 月 25 日）。**國際邊緣、年齡歧視與年齡解放：「性」福生活品質重要指標**。取自 http://intermargins.net/intermargins/YouthLibFront/AgeLib/al34.htm

焦興鎧（2009）。美國就業上性傾向歧視爭議之探討。**歐美研究，39**，29-77。

楊靜利（2014，1 月 6 日）。**同居、婚姻與生育：人口學觀點的多元成家**。取自 https://twstreetcorner.org/2014/01/06/yangchingli/

維基百科（2018， 11 月 24 日）。**臺灣同性婚姻**。取自 https://zh.wikipedia.org/zh-tw/臺灣同性婚姻

Badgett, M. L. (1995). The wage effects of sexual orientation discrimination. *ILR Review, 48*(4), 726-739.

Banks, L. J., Stiff, M. S., Kramers, S. (2015). *Developing Law on LGBT Rights in the Workplace*. Washington, WA: Marshall & Banks.

Cross, R. J. (1989). What doctors and others need to know: Six rules on human sexuality and aging. *SIECUS Report, 17*(3), 14-16.

Kreinin, T. (2001). A priority: Quality sexual health for older Americans. *SIECUS Report, 30*(2), 4.

Landau, D. A. (1994). Employment discrimination against lesbians and gays: The incomplete legal responses of the United States and the European Union. *Duke Journal of Comparative and International Law, 4*(2), 335-361.

Popenoe, D., & Whitehead, B. D. (2000). Should we live together? National Marriage Project, Rutgers. Retrieved from http://nationalmarriageproject.org/wp-content/uploads/2013/01/ShouldWeLiveTogether.pdf

Sarasohn, J. (1994). A Nod to Domestic Partners': Covington & Burling Blazes Trail, Offering Health Coverage to Gay Couples. *Legal Times*, 1.

Woods, J. D., & Lucas, J. H. (1993). *The corporate closet: The professional lives of gay men in America*. New York, NY: The Free Press.

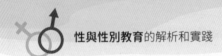

7

CHAPTER

性的道德及倫理

主要概念

❶ 道德根植於倫理，而倫理則根植於價值

❷ 價值系統影響了人類潛能的發展

❸ 有些性議題是可以不受道德、倫理及價值的考量

❹ 性決定通常是需要運作的

❺ 下決定是一個過程，且是可以學習的

● 第一節 道德、倫理及價值

當性議題牽涉到道德或倫理方面時，即會變得非常具有爭議性，且會有不同的解讀。故我們必須要對道德、倫理這兩個詞加以定義，以釐清彼此觀念上的差異。首先先舉個案例：

小貝與阿德準備要慶祝他們的十週年結婚紀念日。在過去，他們對彼此的性生活皆感到非常滿意，直到阿德在六個月前換了新工作——一個在工廠整天與甲醛為伍的工作，他們的性生活開始有所轉變。小貝已經很久都沒有性興奮感，對性沒有興趣，也沒有反應。小貝因此感到非常自責，認為原因出自於她。很幸運的，阿德注意到了小貝的「性問題」，於是兩人一起去求醫。

經過會談後發現，小貝沒辦法忍受阿德身上的甲醛味，這使她無法提起興致。另一方面，治療師也告訴阿德，若小貝可以聞著甲醛味而感到性興奮那才是有問題。阿德意識到原來問題在於他身上的甲醛味，所以之後阿德回到家一定將身上清洗得很乾淨，讓自己身上不會有甲醛味殘留。

有時澄清錯誤的決定是很容易的，然而涉及到道德與倫理時，就會有許多爭議的聲音。例如：阿邦與阿漢一起約會，此時阿邦要求發生性行為，但阿漢不想要，阿邦該如何做呢？該照著

道德上的模式來做嗎？或是其他？你的判斷在此時做對了嗎？

1 道德

對一些特定的情境堅守其固有的決定。例如：「什麼是該做的？」「在這裡什麼才是最好的事情？」

2 倫理

道德是倫理的基礎，也可視為決定後的根本理由。首先需了解一些倫理的指導原則，它包含下列幾點：

1. 不應該強迫他人發生性行為。
2. 在已成年且彼此允許的情況下發生性行為是可接受的。
3. 婚姻中的忠貞是必要的。
4. 婚姻中的伴侶或愛人應該有責任符合對方的要求。

因此對於上例，我們應該要收集更多的資料。例如：「此時的他們有婚姻關係嗎？」「他們彼此相愛嗎？」「上次的性行為是何時？」若應用上述原則，你找到答案了嗎？

你會發現，即使我們使用上述倫理原則來評價道德決定或道德行為，仍難以區分。其實上述四項倫理原則仍是有矛盾性的。為什麼呢？愛人一定要去符合伴侶的需要嗎？即使在自己並不想要的情況下也要如此嗎？此概念又必須牽扯到兩個因素：倫理通則及情境倫理。所謂倫理通則（rule ethics）即是使

用一套通則及倫理原則於任何情境以符合道德決定，這些原則是非常詳盡的、特定的及包含所有情境的。所謂情境倫理（situation ethics）即是認知到沒有一個情境是可以完全與其他情境相同的，所以沒有任何一套通則可以適用於每一個情境。因此，情境倫理必須非常小心謹慎回顧、分析及評價任何牽涉到道德決定的情境，以決定倫理通則原則是否適用。例如，倫理通則認為「外遇是錯的」，所以幾乎在所有情況下，外遇都不可能是情有可原的。但同時情境倫理會小心的審視來決定它是不是情有可原。雖然，外遇是不道德的，但如果婚姻關係出現嚴重問題，這時的外遇就可能變成情有可原的理由了。

　　至於「價值」既不是道德也不是倫理，卻在我們決定有關道德及倫理議題時，扮演重要的角色。當伴侶要求性行為但我們卻不想時，有關於道德的決定與我們的「自由」或「責任」價值觀息息相關。若覺得自由才是最重要的，這樣我們會覺得被強迫進行性行為是不道德的；但若覺得責任甚於一切，那麼我們便會覺得應配合伴侶的要求履行性行為。是故，若是主張情境倫理就必須細閱情境及使用我們的價值觀，以判斷何項倫理該使用、何項該忽視。

　　因此我們很難也不可能去界定每個人與道德、倫理、價值有關的行為。在本章只是要協助你去釐清自身的價值觀與倫理原則，以應用於一些特定的情境。

練習一：倫理原則與價值觀

請列出五項會在你的性行為中出現的倫理原則：

1. _____

2. _____

3. _____

4. _____

5. _____

每一個倫理原則取決於你的價值觀。請寫下讓你列出上述倫理原則的價值觀。

1. _____

2. _____

3. _____

4. _____

5. _____

● 第二節　價值系統

　　近幾年使用價值澄清技巧（values clarification）已越來越普遍。價值澄清技巧在於協助人們藉由了解價值系統的來源與使用方式，進而了解自己與他人。例如：「你真的知道你評估了

什麼嗎？」「在你評估的過程中包含了什麼？」學者 Raths、Harmin 和 Simon（1966）發展了七個流程的價值組成模式（model of valuing consisting），並被許多性教育家使用。一個人的價值可能會經由這些流程而形成，並且持續進行著。

1. 重視個人的信念與行為：
   （1）重視及珍愛。
   （2）若適當會公開表明肯定。
2. 選擇個人的信念與行為：
   （3）自由選擇。
   （4）從替代中選擇。
   （5）在考量後果後選擇。
3. 行動的信念：
   （6）行動。
   （7）具有一種模式、一致性及反覆性的行動。

需協助人們以肯定的方式去面對性及發展價值系統，因為價值系統強調人類的關係與責任。美國性知識及性教育諮詢中心（WAS, 2014）提出價值觀是：

1. 性是自然及生活健康的一部分。
2. 全部的人都是性的生物。
3. 性包含身體、倫理、社會、靈魂、心理及情感層面。
4. 每個人都是有尊嚴及有自我價值的。

5. 年輕人應該在屬於他們的文化世代脈絡下，審視自己是一個獨特及有價值的個體。

6. 每個人會以不同方式呈現出他們的性。

7. 家長會是他們小孩的性教育者。

8. 家人是提供小孩性教育的初始者。

9. 家長應與小孩分享他們的價值觀。

10. 在多元的社會中，人們應該尊重及接受性價值觀與信念的多樣性。

11. 性關係不應該被強迫或剝削。

12. 所有小孩應該被愛與被關心照顧。

13. 所有的性決定都有影響及後果。

14. 所有人都有權利及義務為性決定負責任。

15. 當小孩能夠與他們的父母或其他信任的成人討論性時，對個人、家人及社會而言是有益的。

16. 年輕人發展他們對性的價值觀，是成為一個成年人的必經過程。

17. 年輕人探討他們的性，是一種達到成熟性的自然過程。

18. 不成熟的性行為是一種危險。

19. 避免性行為是一種最有效預防懷孕及性傳染病（STD/HIV）的方法。

20. 年輕人有性關係時，應該尋求健康照護的相關訊息與資源。

　　事實上我們每天都在教導價值觀，它就好比誠實、信任、尊重法律、友善、公平，以及要求遵守及接受所有社會中公民的權利與義務。縱使文化、倫理、種族、性別及其他因素可能影響了價值觀，我們的社會仍是普遍接受這些價值觀，而這樣的議題應該在討論中被呈現出來（Greenberg, 2007）。當面對與性有關的道德、倫理及價值時，其思考的方式會造成很大的影響。因此若在面對一些特定態度與行為的能力上沒有提升，那麼他也很難去幫助自己及他人發展價值系統，以提供自己做決定及表現有責任的性行為。

●第三節　道德、倫理與價值的性議題

　　個人與團體的行為常會受到主體對性的思維所影響。例如古典希臘時期用裸體創造其雕刻藝術；在猶太教的法令裡，女人月經被視為不乾淨，故要在最後一天淨身以代表純淨的再開始；同性戀所帶來的認同與生存問題；墮胎的保險補助或合法性等，這些議題都環繞著道德與倫理，多數人無法接受它們存在的本質，或逆來順受以致無法客觀思考其發生的原由。故必須持續省思，很多性議題都與道德、倫理及價值觀有關，即使你不認為有相關，但是別人可能認為有相關。故必須意識到倫理觀所帶來的差異並尊重之。

<table>
<tr><td>練習二</td><td>　　有時候我們會因為某些行為不當而被處罰，那麼，當一般人認為你的性行為不恰當時，是否也應該被開罰單呢？例如：「發生性行為時該不該帶保險套？」這是一個有趣的倫理議題，讓我們來思索看看自己的想法，並與你的好朋友一起分享。</td></tr>
</table>

第四節　當代宗教與性

　　近年來有很多宗教團體出版他們對一些性議題的正式看法或態度的刊物，這些刊物一出版常引發眾議，因為過去宗教團體極力避免性議題落入宗教的範圍，或是以較負向的態度討論之，而近年有越來越多的宗教領導者對性的議題比較願意談，也視人類的性是一個必須尊重的議題。例如過去人們對聖經中關於性的論述已被近代人所批判及辨證；以往，人們皆認為聖經對性是持負向與限制的態度，事實上，聖經認為性是人類自然的一部分，應該正向的面對性並喜愛它，性是美好的。學者Haffner（1997）即表示：「我們必須了解，聖經是教導我們性是人類的中心部分，身體是好的，愉悅是好的，男女也藉由性經歷了彼此的慾望，這是一個健康的慾望……」由此辨證聖經對性是持正向與健康的觀點。事實上早期許多有效的性方面的

教導都是由教會所推行。因此宗教的教義多數認為性在表達成熟、尊重、關懷及愛上面扮演了很重要的角色（Haffner & de Mauro, 1991）。

第五節 性決定

我們一生都在做與性相關的決定。當我們是孩童時，行為會遵循父母或家人的模式，跟誰一起玩、穿什麼樣的衣服，扮演文化所設定的性別角色；當我們是青少年時，會要決定跟誰約會、在哪裡進行親密愛撫及嘗試婚前性行為，不管它適當與否，都是在做決定——決定避孕方式及為我們的未來做準備等；當我們壯年時，會決定是否找伴侶或結婚、要不要生小孩、如何扮演好成人角色或父母的角色，也或許會決定持續婚姻關係或離婚；當我們中老年時，必須調適空巢期及更年期、調適因身體改變所帶來的性慾及性行為上的轉變、扮演祖父母及長者的角色，以及對自己過去生命的整合。當我們在做這些決定時，都希望做出對自己最有利也讓自己最愉快的決定，然而道德、倫理與價值如影隨形的環繞在我們的生活與生命中，並且影響著我們的決定。例如一位青少女嘗試了婚前性行為，但沒有避孕，所以懷孕了，她因此所面臨的決定會是什麼呢？墮胎或生下來？無論做什麼決定，她都會遭受來自周圍的異樣眼光，也許被親友及家長排斥、無法繼續學業。若女孩覺得她

得不到大家的愛、被大家拒絕，那麼也許她會轉化成是小嬰兒需要她，所以決定生下嬰兒來成就她所需要的。因此，生下小孩變成女孩解決她問題的方式——如何從中獲得她所需要的愛及注意。在這漫長的決定中，也許這樣的抉擇在別人的眼光看來是無用的，然而女孩相信這樣的決定對她而言是快樂的。

　　這樣的決定是對？是錯？我們的任何決定為何無法使我們都感到快樂？我們常在做決定時忽略了決定背後所帶來的結果與意涵，因此我們需要了解下決定的過程，讓我們的決定是經過審思沉澱的，才不會犧牲長期的快樂僅為換取短暫的愉悅。

● 第六節　提升做決定過程的技巧

　　俗語說「給我魚，我今天可以吃到魚；教我釣魚，那麼我可以永遠都有魚吃。」即是這個道理。當然在如何理性下決定的過程中，需要不斷練習，在不受傷害的情況下，將習得的技巧運用於決定。個體可以學習尋求協助及指導，但下決定的還是本人。茲介紹學者 McNamara（2007）所提出做決定或解決問題的方式，其步驟如下：

1 定義問題

　　問題何時、何地、如何發生？牽涉何者？為何發生？可以嘗試寫下五個句子來描述問題。

2 **尋找問題潛在的原因**

　　可從他人或者受其影響的人來探知原因。可以寫下你透過他人獲知的意見；根據人、時、地、如何發生、為什麼發生來描述問題的原因。

3 **找出解決問題的替代方案**

　　與他人集思廣益想出問題的解決替代方案，請不要直接做判斷。再從眾多的替代方案中找出最適當的方法。

4 **選擇一個方式去解決問題**

　　以長時間來看何項方案是最好的？何項方案是最能符合現實考量並且可以完成的？你有資源嗎？時間夠嗎？每個替代方案可能有的風險是什麼？

5 **計畫方案執行的最佳方式**

　　當問題解決時會是什麼樣子？什麼步驟最有助於執行？你如何得知步驟執行與否？你需要的資源是人力、財力或者工具設備？完成計畫所需要的時間多長？請寫下一個計畫表，內容需包括計畫執行的開始與結束時間，以及你預期失敗或成功的指標為何。

6 **監測計畫執行的進度**

　　從預期的指標如何看出成功或失敗？計畫必須按照計畫表來執行，若計畫沒有按照所預期的計畫表執行時，需考慮以下

問題：計畫符合現實嗎？有足夠的資源來進行問題解決嗎？計畫的先後次序是否有從不同面向考量？計畫需要改變嗎？

7 查實問題解決與否

問題解決且符合預期的滿意度了嗎？對於預防未來問題再次發生需要做什麼改變？你從問題解決模式中學習到什麼？考慮知識、理解或技巧的建構。

第七節　「決定」與「性」

學習下決定的過程可以應用在性的議題上，例如墮胎。首先我們必須認知到一個人下決定是必要的，並同時認知到這是一個重要的社會議題，當墮胎的議題在社會上逐漸受到重視，那麼這個問題必須先被定義。

練習三

　　假設問題是：「我是一個 14 歲少女，我懷孕了，怎麼辦？」請使用下列決定流程模式，來協助你練習釐清問題與解決問題：

1. 我需要解決的問題是 ＿＿＿＿＿＿＿＿＿＿＿＿＿＿
＿＿＿＿＿＿＿＿＿＿＿＿＿＿＿＿＿＿＿＿＿＿＿＿＿

2. 再更具體一點，問題原因是 ＿＿＿＿＿＿＿＿＿＿＿＿
＿＿＿＿＿＿＿＿＿＿＿＿＿＿＿＿＿＿＿＿＿＿＿＿＿

3. 可能的解決替代方案有：

　　（1）＿＿＿＿＿＿＿＿＿＿＿＿＿＿＿＿＿＿＿＿

　　（2）＿＿＿＿＿＿＿＿＿＿＿＿＿＿＿＿＿＿＿＿

　　（3）＿＿＿＿＿＿＿＿＿＿＿＿＿＿＿＿＿＿＿＿

　　（4）＿＿＿＿＿＿＿＿＿＿＿＿＿＿＿＿＿＿＿＿

　　（5）＿＿＿＿＿＿＿＿＿＿＿＿＿＿＿＿＿＿＿＿

4. 最好的方式是 ＿＿＿＿＿＿＿＿＿＿＿＿＿＿＿＿＿＿

5. 我在何時會開始嘗試使用這個替代方案？＿＿＿＿＿
＿＿＿＿＿＿＿＿＿＿＿＿＿＿＿＿＿＿＿＿＿＿＿＿＿

6. 在試過替代方案後，我成功的因素是什麼？＿＿＿＿
　　　　　　　　　　失敗的因素是什麼？＿＿＿＿

7. 倘若替代方案不成功，下次我會嘗試 ＿＿＿＿＿＿＿
＿＿＿＿＿＿＿＿＿＿＿＿＿＿＿＿＿＿＿＿＿＿＿＿＿

　　每個替代方案並不一定適用於每個人的情境，需思考每個替代方案所隱藏的道德、倫理與價值觀是什麼？我們個人的感受為何？誰可以協助我們？

結論

　　道德根植於倫理，而倫理則根植於價值，價值系統影響了人類潛能的發展。有些議題是可以不經道德、倫理及價值的考量，然而生命中與性相關的議題皆隨時環繞著倫理與價值觀。因此我們需要學習理性的決定，來幫我們解決所面臨的問題。而下決定是一個過程，是可以學習的。這樣的技巧只在於教導人們學習解決生活中的問題，尤其是與性相關的議題，但不是去左右人們的決定，因為下決定的抉擇仍在於當事人。

參考文獻

Greenberg, J. S. (2007). *Health education and health promotion: Learner-centered instructional strategies* (5th ed.). New York, NY: McGraw-Hill.

Haffner, D. W. (1997). The really good news: What the Bible says about sex. *SIECUS report, 26*(1), 3.

Haffner, D. W., & de Mauro, D. (1991). *Winning the battle: Developing support for sexuality and HIV/AIDS education.* Washington, WA: Sex Information and Education Council of the US.

McNamara, C. (2007). *Basic guidelines to problem solving and decision making.* Retrieved from http://www.managementhelp.org/rsn_prd/prb_bsc. htm

Raths, L., Harmin, M., & Simon, S. (1966). *Values and teaching: Working with values in the classroom.* Columbus, OH: C. E. Merrill Books.

WAS (2014). *Declaration of sexual rights.* Retrieved from http://www.worldsexology.org/resources/declaration-of-sexual-rights/

8

CHAPTER

性行為的多樣性

主要概念

1 每個人對於性行為的偏好差異很大

2 異性戀婚前及婚後的性行為

3 某些性行為對於社會有長遠的影響

4 性行為具有多樣性

5 暴力和攻擊性的性行為似乎越來越多，但大眾對此
所知甚少

　　大部分的人視某些性行為是奇怪的、變態或淫蕩的；對這些人而言，某些性行為是會引起激烈情緒反應的議題。這些分歧的行為認定是很難討論的，很多有關性行為的迷思和對性行為的知識，我們對其了解不多，這是需要克服，但也是不容易的。

　　想想看你自己對於性行為的感受。當思考為何有些性行為被你歸類為正常的性行為，而有些性行為被歸類為不正常的性行為時，你可能已經注意到自己的一些情緒反應。當在處理關於不同性行為的當下，必須記住三件事：

　　第一，你必須要認清自己的感受，並且思考這些感受對你所造成的影響。例如某個主題，如同性戀，會造成你內心情緒波動的話，那麼對你而言，要和一群人探討這個主題可能會很困難。你可能需要練習討論這個主題，同時學習多一些關於這個主題的事，來促進自己的客觀性。如果察覺到你的情緒反應，或是看到你對於探討某個特定主題感到困難的話，你想這個影響會是如何？

　　第二，你必須記住，有些人對於某些主題可能會有一些情緒反應。在許多情況下，這也許是他們第一次討論某些主題，尤其是團體討論。你必須對此有所體恤。此外，你必須尊重自己和他人的感受。所有的感受和言論都能被接受和討論。

　　第三，你必須了解，許多性行為彼此間的差異不大。例如，有些人傾向將某些性行為貼上「變態」、「病態」或是「不

正常」的標籤，但是如果我們將偷窺癖貼上不正常的標籤，那麼那些喜歡盯著別人看的人該怎麼看待他們自己？這會造成問題嗎？要看多久不會造成問題？我們不知道，別人亦不知道。重點是，我們需要了解，有些性行為本身並非是負面的。真正重要的是如何利用、何時利用及利用到什麼程度。雖然這個想法可能無法應用到所有的性行為，但是可藉此來看待某些性行為背後的原因。

練習一：正常和不同變化的性行為

　　首先必須意識到自己的態度。作為自我意識的第一步，列出你所能想到的所有性行為，並且將它分成兩類：正常的和不同變化的性行為。

_____

_____

　　現在，想想看你所列出的每一項性行為。你是以什麼行為根據來分類每一項性行為呢？對於每一種性行為你了解多少？你做的是理性判斷還是情緒化判斷？也許你會承認，你需要多一些關於正常和其他性行為的教育。

第一節　個人性行為偏好

一　自慰

　　長久以來，人們對於自慰有強烈的情緒和許多迷思。自慰除了在健康成長和發展上扮演重要角色之外，對許多人而言，自慰在某些時候亦扮演一個性慾出口的角色，而有些人會終身自慰。有些人可能會偶爾自慰，只因為他們喜歡。但是在生命中的某些時候，例如配偶生病或是與配偶分開的時候，他們也會選擇自慰。在青春期，自慰的情況逐漸增加，而男生通常比女生還要早開始自慰。此外，比起上個或上上個世代，現在開始自慰的年紀較早（Greenberg, Bruess, & Haffner, 2007）。

　　自慰是人類最早的性活動，亦是隱密且每個人都想了解卻又不敢去論及的議題（Masters, Johnson, & Kolodny, 1988）。自慰不一定只是一個人，可以和同伴一起做；也不一定只用手，可以用其他性醫療保健品作為輔助工具，從而自身做愛（阮芳賦，2002）。現在 99% 的男性有時會自慰，一般相信大概 65%至 75% 的女性有時候會自慰。人們對自慰存有偏見，在不同情況下自慰是滿足性慾的健康行為，對年輕或年老喪偶者、未婚無性伴侶者與自己或伴侶殘疾者而言，自慰可紓解性壓力，避免憂鬱、挫折與憤怒（江漢聲，1986；阮芳賦，2002）。從醫學觀點來看，思考五個關於自慰的迷思和事實可能會有幫助：

迷思：自慰會造成心理健康問題。

事實：除非有人對自慰感到嚴重困擾，否則並沒有證據顯示自慰會導致任何心理問題。

迷思：自慰會造成青春痘和其他皮膚問題。

事實：自慰並不會造成青春痘或其他皮膚問題。

迷思：自慰會造成男性不孕。

事實：自慰不會影響生育能力。

迷思：只有男性會自慰。

事實：如同前面所述，大多數男女有時候都會自慰。

迷思：一個人結婚之後就會停止自慰。

事實：只有某些人是如此。

「自慰是無害的」觀念仍嫌不足，社會上仍常見不少案例因為不當自慰，而導致心理、性器官與性功能受損，有些更造成永久性傷害。曾有醫師發現病人的尿道、膀胱、陰道或直腸之內有髮夾、電池、汽水瓶等異物存留。有些人覺得用手或性輔助用品仍不夠興奮，還採用更危險的方式，如吃迷幻藥、將自己半上吊，或用塑膠袋蒙頭使自己處於半窒息狀態以進入迷

糊狀態後自慰，藉此增加性興奮。社會新聞曾報導有人因窒息式的自慰行為而喪命，其因來自於社會、父母與教師從來沒有教導怎樣才是衛生安全的自慰方法（吳敏倫，1997）。一直以來，自慰都被稱為是「獨處的罪」。許多人認為自慰是邪惡的，而有些人認為沒什麼；有些人說自慰充其量只是寂寞的運動。但是值得注意的是，自慰一直是有效治療不同性功能障礙的部分療法。自慰亦被視為在沒有性伴侶情況下的健康替代方案，而且比起與陌生的性伴侶發生不安全的性關係，自慰的風險相對較少。不管你對於自慰的想法如何，將自己的情緒和事實分開是相當重要的。

二 口對生殖器的接觸／口交

「吸吮陰莖」的定義是用嘴巴接觸男性的生殖器區域。「舔陰」則是用嘴巴接觸女性的生殖器區域。「69」這個數字象徵被用來描繪兩個人同時為對方進行口交的姿勢。有許多人認為口交很噁心，但是也有許多人認為口交很美好。有些人害怕碰觸身體骯髒的區域，例如生殖器，但是這種恐懼是沒有根據的，因為這些區域和身體其他任何一個地方一樣乾淨。事實上，如果口交是骯髒的，那也是因為嘴巴裡有太多的細菌了（Feldmann & Middleman, 2002）。

三　同性戀性行為

　　在進一步閱讀之前，花一點時間完成練習二，思考一下你對於同性戀的看法有多麼強烈。現今對於不同性行為，討論最多的可能就是同性戀性行為。很多異性戀者無法理解同性戀者的感受和權利，多年來發展出許多關於同性戀的迷思，而我們需要了解真正的事實。其中一個迷思是，同性戀者看起來和其他人大不相同。你也許有聽過，有人說某人一定是同性戀，因為「我在一英里外就可以看出來」。事實上，除了他們的性傾向和其他人不同，同性戀看起來以及行為皆與其他人無異。

　　另一個迷思是，男同性戀者比較女性化和虛弱，而女同性戀者比較男性化而且身體強壯。事實上，性傾向和一個人的體型或行為舉止無關。在各行各業中都有男同性戀者（是的，即使是橄欖球員和卡車司機），女同性戀者亦然。

練習二：　　請你看完以下這 16 個問題之後，在每個問題右邊的方格中寫下你的感受（如噁心、討厭、正常、自然等）。這樣做，你能確認你的感受程度，不論是正面或是負面。當你做完方格之後，看看你對於同性戀的感受有多麼強烈。如果你可以找到夥伴，你們可以彼此分享，並討論為何會將自己的反應放在不同縱行。唯一要

注意的是：全部16個題目都要填，而且每一個方格只能放一個關鍵字（如噁心或討厭等）。這個過程中你會發現你對於其他關鍵字的感受較強烈或較不強烈。

你對於同性戀的感覺

題目	很強烈	強烈	較不強烈	沒意見
1. 如果你最親密的朋友跟你說，他（她）是個同性戀者，你覺得如何？				
2. 放了一個漫長的暑假之後，兩個女生用親吻互相打招呼，你覺得如何？				
3. 放了一個漫長的暑假之後，兩個男生用親吻互相打招呼，你覺得如何？				
4. 一個人以痛打同性戀者為樂，你覺得如何？				
5. 兩個女生手牽手去上課，你覺得如何？				
6. 女生穿男生的衣服，你覺得如何？				
7. 男生穿女生的衣服，你覺得如何？				
8. 兩個男生手牽手去上課，你覺得如何？				

題目	很強烈	強烈	較不強烈	沒意見
9. 不喜歡運動的男生，你覺得如何？				
10. 不喜歡運動的女生，你覺得如何？				
11. 集體洗澡你覺得如何？				
12. 一個男人作家務雜活，你覺得如何？				
13. 男人當美髮師，你覺得如何？				
14. 女人成為律師，你覺得如何？				
15. 只跟一位異性出去，你覺得如何？				
16. 跟幾位同性出去，你覺得如何？				

　　另外有個迷思是同性戀者埋伏在每個街角，等著撲向天真的小孩，誘騙他們成為同性戀者。雖然，一定有些誘騙小孩的同性戀者，但是同樣也有一些誘騙小孩的異性戀者。任何一種情況都不能容忍，但是只怪同性戀者是不公平而且不恰當的。

還有一個相關的迷思是，同性戀者不適合當老師。沒有任何證據顯示同性戀會影響教學能力，如果一個同性戀者在教室內宣揚同性戀或誘騙學生的話，這是不對的；然而，如果異性戀者這麼做的話，同樣也是不對的。

有關造成同性戀的理由，通常有先天和後天環境造成的兩派理論。然而，即使近期有同性戀是先天造成的證據，也無法終結這個議題。

我們常認為，同性戀者是危險份子，這個想法是根據假設同性戀臣服於威脅。雖然在過去，這個假設可能還有些根據，但是現代社會的態度較開放容忍，讓這個可能性大幅降低。

我們可以輕易的看出，這些關於同性戀的迷思沒有任何可靠的根據。然而許多異性戀者已經學會相信同性戀是次等的，因此接受了貶低同性戀的迷思。

有些人說，只要男同性戀和女同性戀願意的話，他們可以變成異性戀。根據大多數精神健康團體表示，沒人知道造成個人性傾向的原因為何，因此這個推論亦造成矛盾。此外，這些團體指出，沒有可靠證據證明性傾向是可以改變的。

因為大部分年輕同性戀者的情愛感受，沒有辦法在同儕間得到理解，所以他們需要一個能探索自我的支持環境。社會持續的負面訊息，讓某些同性戀青年逐漸否定自己。更糟的是，當父母（甚至是朋友）知道一個年輕人是男同性戀或女同性戀時，往往將這視為一件悲慘的事。然而，真正悲慘的是，關於

同性戀的家庭訊息常常是如此的負面和充斥責難，以至於同性戀小孩常對父母感到厭煩，選擇另尋愛和諒解。

　　近幾年，越來越多人關注校園同性戀議題。例如，有些國小和中學的學生不確定他們的性傾向為何，他們可能有疑問，想要和善解人意的老師或輔導員討論他們的感受。但是對他們而言，在學校可能很難找到能幫他們的大人。此外，許多同性戀者會從其他同學和老師身上，聽到許多關於同性戀的負面批評，因而他們相信，學校對於同性戀的態度是非常有敵意的。

　　無論任何人發展出任何感受，我們都必須鼓勵並尊重。他們可能有些人是對異性、亦可能是對同性有這樣的感受，這些感受程度有所變化是正常的，在人生不同時期中，這些感受可能消失或增強。

　　很難確切知道我們的社會到底有多少同性戀者，但是大約估計佔總人口的 2% – 10%。這意謂著（就數據而言），你的朋友或同學當中有些是同性戀者，可能你的老師當中有些人也是同性戀，甚至你的同事和你最喜歡的籃球隊球員也是。不管我們對於同性戀的觀感為何，將同性戀視為和其他人一樣，有相同的權利、義務和感受是重要的理念。回頭再看一次你在練習二中所做的方格，對於那些有關同性戀的迷思和事實，你的看法為何？

● 第二節 異性戀性行為

一 異性戀婚前性行為

在 1920 至 1945 年之間所做的研究顯示，1900 年代初期，婚前性行為的比例增加最多（Bell, 1966）。所謂的性革命開始於 20 世紀初期，今日那些似乎很擔心性行為變化的父母和祖父母，其實當初正置身於性革命當中。從研究結果發現，在 20 世紀往後的 65 年間，大約 35% 到 45% 的女性和 55% 到 65% 的男性有婚前性行為。

根據勵馨基金會研究指出，1998 至 2001 年台灣少女未婚懷孕率激增 3.5 倍（勵馨社會福利事業基金會，2001）。蔡春美、郭玫吟、林素蓉、殷蘊雯和許雲霞（2002）以台北市的高中生為對象進行調查，結果發現 6.3% 自陳有性經驗，其中61.5% 第一次性行為沒有使用保險套，而且有 59.4% 青少年認為可以有性行為。很顯然的，似乎沒人確切知道該如何幫助別人做婚前性行為的決定，但是以下這份問題清單可以讓人們回答，看看是否已經準備好發生性行為，這在決定要發生性行為前非常有幫助。

你準備好發生性行為了嗎？

如果你準備好了：

1. 你對現況感到自在，而且不會有罪惡感。

2. 你有自信不會感到羞辱，而且不會傷害你的名聲。

3. 雙方都沒有勉強對方發生性行為。

4. 你不是試圖：

　（1）向另一半證明你的愛。

　（2）增進自我價值。

　（3）證明你很成熟。

　（4）顯示你可以吸引性伴侶。

　（5）得到注意、關懷或疼愛。

　（6）反抗父母、社會。

5. 性行為是用來表達你現在的感受，而不是試圖改善不良或「逐漸冷淡」的關係。

6. 你可以討論並同意某項有效的避孕方法，分享使用該方法的細節，共同分擔責任和費用。

7. 你可以討論感染性傳染病的可能性。

8. 你可以討論並同意如果懷孕的話，你們兩人會共同採取的方式，因為沒有一種避孕方式是百分之百有效的。

二 異性戀婚後性行為

多年來，婚後性行為的議題並不受重視，但是仍有許多關於婚後性行為狀況的改變值得一提，例如：兩個社會改革可能對女性造成相當大的衝擊。第一，因為發展出越來越多可靠的避孕方式，性行為和懷孕之間的關係是在個人所能掌控的範圍內。第二，大家廣泛接受一個相當新的假設，那就是女人和男人一樣，有相同的權利期待性滿足感。

其他的觀察還有在婚姻裡性溝通的重要性。以前我們總是假設男人天生就知道如何做愛，並且了解女人要的是什麼，但是這個假設是錯的。配偶之間互相溝通是必要的。例如，對許多女人來說，對於擁抱和親密感的需要遠勝過性愛本身。有些女人可能會為了親密的身體接觸而「交換」性伴侶，因為親密接觸有助於滿足她們對於放鬆和安全感的需求。

至於婚後性行為的頻率，比起 1950 年代的夫妻，現代的夫妻較常做愛，體驗更多性樂趣，參與更多種的性活動和性技巧。前戲活動沒有增加，但是前戲的時間比以前長。用嘴巴刺激乳房、用手刺激生殖器，以及口交的情況增加（Clements, 1994）。

隨著結婚時間越久，做愛的頻率越低。新婚夫妻平均做愛次數大約每週 3 次；中年時，大約每週 1.5 至 2 次；50 歲過後，平均每週 1 次或者更少。這並不代表性行為變得不重要，

或者婚姻變得令人不滿意。做愛次數減少可能只是因為身體老化、疲勞以及性慾降低（Call, Sprecher, & Schwartz, 1995）。

婚後性行為的時機可能會造成一些問題。婚後性行為常發生在晚上和睡前，小孩可能對找時間做愛造成額外的問題。因為夫妻常覺得需要安靜和私人時間，所以要在結束白天活動之後的短暫時間發生性行為，可能會有壓力。

Laumann、Gagnon、Michael 和 Michaels（1994）研究 29 個國家中 27,000 對夫妻發現，40 歲至 80 歲的已婚夫妻做愛次數滿多的。他們亦發現，大部分的夫妻滿意他們的性生活。在大部分的國家，比起女性，男性比較可能說他們滿意自己的性生活。這可能是因為女性對於一段關係的品質比較敏感，而且當一段關係不好時，女性對做愛也不感興趣。男女地位較平等的夫妻比較有可能享受他們的性生活。幾乎所有有關婚後性行為的問題都和知識與態度有關。

● 第三節　商業性行為

性工作者和色情商品，可能是成為重要社會議題的商業性行為當中，兩個最顯著的領域。

一　性工作者

性工作是指某人付錢給另一個人，以獲得性滿足。性工作者可能是男性或女性，但主要是女性。大部分的性工作者是為了賺錢才進入這個行業，但是也有其他原因。例如大部分的性工作者缺乏教育，所以限制了他們的工作機會；有些人認為性工作令人嚮往而且很刺激；有些人因為不喜歡一般工作的紀律和無聊，所以成為性工作者；有些人甚至認為，藉由提供性歡愉，他們能夠得到親密感和關注。

性工作者分成許多不同種類。「應召女郎」在這個行業高居首位，她們是只接預約工作而且通常有固定常客的高薪女性性工作者；「妓女」在妓院工作，以較低的薪水服務較多的男性；「流鶯」比較獨立，她們多在街頭閒逛，以接近路邊的男性；一般按摩店只提供按摩，但是在某些按摩店可能會提供「額外」的服務，例如不同形式的性刺激；「酒吧女」和「脫衣舞孃」會呈現誘人的一面讓男人請客喝酒，這樣就能賺更多錢；有時候她們也提供付費的性服務。

有些男人向女人或其他男人提供性服務。「舞男」陪女人出席社交活動並提供性服務；「妓男」則是提供男人付費性服務的性工作者。替性工作者和顧客牽線的人叫做「皮條客」，皮條客也會招募新人加入性工作行列。最後，還有一些電話性愛工作者，他們認為自己扮演另一種性愛滿足的方式。

在美國，青少年性工作逐漸成為一項問題——性工作成為一種經濟生存手段。最近有報導指出，住在家裡的孩子會安裝他們自己的性電話專線來賺自己的零用錢。針對這些青少年，政府單位為了改變他們的行為所開設的治療課程一直不是非常成功，其中的原因是許多青少年並不覺得這課程對他們能有所幫助。

練習三：對於性工作的觀感

許多人對於性工作有強烈的看法。有些人因為宗教理由反對性工作。也許他們相信，應該要結婚之後再發生性行為，或者他們認為性工作者和這麼多不同的人發生性行為是不道德的。

也有些人相信性工作者有權安全的、沒有法律限制的工作，並且有權享有和其他人一樣的權利。許多人認為性工作不應該是一種罪，而應該被視為一種成人間彼此同意的商業行為。

你對這些說法有何看法？

_____

_____

二 色情商品

什麼是色情商品？沒有一個答案能讓每個人滿意。有些人認為色情就像「情人眼裡出西施」一樣因人而異，有些人覺得任何有關性行為的照片或語言就是噁心的。我們每個人必須以個人信念和事實為基礎，來決定自己對於色情商品的感受為何。

「色情商品」是用來引起性衝動的視覺和書面題材。許多年來，有關使用和取得色情商品的議題一直有爭議。網路的廣泛使用，更讓所有年齡層的人更容易取得色情商品。色情商品的影響為何？許多研究發現，色情商品不會造成傷害、不會讓人做出不尋常的行為，而且不會損害社會。性行為科學研究社總結了一些關於接觸性題材的結果：

1. 人們對於性題材的反應不同。有些人對於所有的描述反應都很負面，而有些人發現至少有一些題材是可以接受的，且會激起性慾。

2. 受到喜愛的題材能引起較正面的情緒和較大的性衝動。

3. 重複接觸通常讓人較能容忍露骨題材以及其中所描繪的性行為，但是短期內的重複接觸，則會導致人們越來越不感興趣並且感到厭煩。但是一段時間不接觸之後，性題材的影響力又會恢復。

4. 接觸性題材並不會增加男人對女人的攻擊性。對大部分人而言，攻擊性和性行為是互不相容的。

　　雖然並非每個人都同意，但是 Stein（1998）指出，現代文化中，許多人買色情商品供自己使用。從美國每年有數十億元花在色情商品上可以看出，人們逐漸可以接受色情商品。但是，當一提到兒童色情商品時，似乎就不需要辯論了。大家明顯一致反對這種類型的色情商品。

　　你對於色情商品的製造、販賣和使用的感受為何？不管你個人的想法為何，因為色情商品未來不太可能從我們的文化中消失，所以如何面對色情商品成為一個重要的學習。

第四節　其他性行為

　　其他非傳統的性行為常被歸類為不正常的性行為、性變態，或是造成問題的性行為。性行為不應被貼上任何一個負面標籤，理由是，很難判斷某一種性行為是「不正常」或「變態」的。以自慰為例，我們現在已經認可自慰在成長發展過程中十分平常，成人自慰是無害且常見的行為；然而，大部分的人可能會認為一個人一天自慰十五次有點奇怪。那麼暴露狂呢？你今天穿了較多暴露身體部位的衣服可能是為了好看才穿的，但是很少有人會因為這個理由而把你叫做暴露狂。

　　不同的性行為是否符合主流性行為是由個人決定的，當我們在探討這些主題時需要謹慎，才不會傷害到別人。

　　不論選擇用什麼方式表達，都需要一些性行為的基本資

訊。在許多情況下，你會需要比這裡所提供的還要多的資訊，但是這些資訊至少是重要的。

1 獸交

是指和動物發生性行為。比起女性，在男性中，獸交比較常見，而且最有可能發生在青少年時期。你可能也曾聽過用「戀獸癖」這個詞來指這類性行為。

2 雙性戀

是指享受和兩種性別的人發生性關係的人。大部分的人只會和某一性別的人發生性行為（只傾向於同性戀或異性戀），但是有些人同時擁有同性戀和異性戀特質。

3 暴露者

是指藉由向目擊者展示生殖器以得到性滿足。在大部分的情況下，目擊者是偶然出現，沒有預料到會發生這種事。與大眾的認知相反，暴露狂通常沒有攻擊性，他們大多是安靜、聽話的人。

4 戀物癖

是指對某物而不是對某人有異常的性依戀。幾乎任何物品都可能是依戀的對象，從身體的部位到衣物，或是某種材質的東西。戀物的情況可能從輕微到強烈甚至是必要。

5 觸磨癖

是指一種從摩擦或擠壓另一個人來得到性樂趣的行為。通常很少人會注意到這類行為，因為這大多發生在擁擠的地方，例如電梯裡或公車上。

6 性受虐／性施虐

是指從感受疼痛來得到性滿足。有趣的是，必須要是精心安排的疼痛才行；不小心被鐵鎚打到手指是不會有任何性樂趣的。性施虐者則是藉由向另一個人施加痛苦來得到性滿足，通常和性受虐一起討論。性受虐者似乎比性施虐者更常見。

7 肛門性交

一般是指將勃起的陰莖放入肛門或直腸接合並彼此摩擦的過程，但是這幾年來，這個詞已相當廣泛的被使用。這個詞亦同樣用在法律用語。

8 變性

是指一個人相信自己被困在性別錯誤的身體裡。這不該和同性戀混淆在一起，因為變性人如果能在性別正確的身體內，他們會想和異性發生性關係，而同性戀者則是想和同性別的人發生性關係。雖然變性不是個常見的手術，但是可以結合外科手術和藥物治療來改變一個人的性別。

9 易裝癖

有時會和變性人及同性戀搞混。易裝癖者喜歡穿異性的衣服，藉此得到性滿足，但是他們對於變性手術或和同性戀者發生性關係不感興趣。在大部分的情況，除了獨自一人或取得伴侶體諒時喜歡穿異性的衣服之外，易裝癖者是異性戀關係。

10 被窺視

是指兩人發生性關係的同時，有第三者在一旁觀看。這似乎結合了暴露癖和偷窺癖。

11 偷窺癖

是指藉由觀賞正在脫衣服或正在做愛的人來得到樂趣。我們用「窺視者湯姆」（Peeping Tom）這個詞來稱呼偷窺者。一般認為，偷窺者並不暴力，事實上，偷窺者害怕與他們所窺視的人有任何接觸。

第五節 強迫性的性行為

前述的這些性行為通常是個人自願參與的，即使許多人可能會覺得有些性行為很奇怪，但是通常參與的人都不會受傷。相反的，諸如戀童癖、戀屍癖、強暴、亂倫和性虐待這些性行為，通常在某些程度上，是將某人的意志強加在另一個人身上。雖然很難找出確切的數據，但是這類強迫性的性行為，似乎逐漸在增加。

一　色情騷擾電話

　　打電話給別人說一些下流的話，或建議電話另一頭的人和他們見面、發生性關係，藉此得到性滿足。寄色情信的人也是出於同樣的動機，但是這兩種人都不太可能使用暴力，也不會在打完電話或寫完信後，再採取任何進一步的行動。有些人和打色情電話與寄色情信的人一樣，為了相同的目的，寄色情電子郵件給別人。

二　戀童癖

　　是一種要求以兒童為性對象的性行為。雖然可能不是大人強迫兒童就範，但是與兒童發生性行為的大人是犯法的。就如美國國家健康與社會生活的調查發現，有 12% 的男性和 17% 的女性曾在兒童時期有被性接觸的經驗。這種情形也在逐年攀升中（Laumann et al., 1994）。

　　在這個調查中，對兒童進行性接觸或是性侵者，以家中的朋友等認識的人為多數。約有 34% 的人告知曾在兒童時被性接觸，其中 38% 是有幾次、27% 是很多次。

　　受性侵害的年齡多數在 7 至 13 歲之間，不論是都市、鄉村，任何教育水準、文化、種族都有可能發生。在每年一百萬的兒虐案件中，有 12% 是受到性侵害（National Clearing House on Child Abuse and Neglect Information, 1998）。

根據台灣勵馨基金會完成的性侵害分析報告，2004 年台灣全年通報的性侵害受害者為 4478 人，2005 年增至 4900 人，其中，六成未滿 18 歲，最小的只有 3 歲。依學理推估，未通報的性侵個案高達 7 至 10 倍，如果以 7 倍來算，全年受害者有將近 4 萬人（勵馨社會福利事業基金會，2005）。

三　亂倫

指血緣太過親近、法律規定無法結婚的兩個人發生性行為。最常通報的是父女亂倫，但事實上，兄妹亂倫可能更常發生。近幾年，亂倫開始受到關注，因為亂倫也是兒童虐待的一種方式。很難估計實際發生亂倫的數量，之前所提到的戀童癖數據和亂倫亦有關。

牽涉到亂倫的小孩通常不敢告訴任何人。如果察覺到小孩或青少年有以下行為的話，那麼就有可能是遭到性虐待：

1.　行為突然改變。
2.　有身體或心理問題不願接受幫助。
3.　沒有其他原因所造成的學習障礙（或無法專心）。
4.　總是處處提防，好像有什麼不好的事會發生。
5.　脫離同儕／伙伴的相處。
6.　過於百依百順、被動或內向。
7.　提早到校或待到很晚，不想回家。

　　幾乎每一個社會都禁止亂倫，但是在所有社會階級、所有地區、所有民族中都有亂倫發生。許多社區團體援助亂倫受害者和他們的家人，例如兒童保護機構、強暴危機中心、婦女中心。預防亂倫最好的策略似乎是提供資訊給未來的受害者和父母，這意謂著讓國小學生接受性教育，並傳達關於性虐待的特定資訊。例如，教導孩子掌管自己的身體，那些叔叔、阿姨沒有權利隨便觸摸或和他們發生性交行為。此外，應該配合孩子的理解程度，以提供關於戀童癖和其他性行為的資訊。

四　強暴

　　是指一種強迫性的性行為。關於強暴，我們不知道的還有很多。儘管，針對強暴的研究持續增加，但是對於強暴的迷思還是很常見，強暴依然被縱容。讓我們來看一些關於強暴的迷思（Greenberg et al., 2007）。

> **迷思**：強暴是一種性衝動的行為，也就是説，男人無法控制他們的性慾。
> **事實**：強暴犯自己並不把強暴視為難以控制的性行為。強暴的動機通常不是為了性樂趣；強暴是用來滿足非性慾的需求。

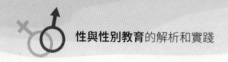

迷思：女人想要被強暴，也就是說，女人有想要被強暴的
　　　幻想。

事實：強暴是一種暴力侵犯的行為。沒有一個正常人想要
　　　自己變得沒有人性或者被侵犯。

迷思：女人要求被強暴，也就是說，女人誘惑男人。「她
　　　們應該穿胸罩」、「搭便車的人只是得到她們所應
　　　得的下場」、「她不應該這麼晚還待在外面」，這些
　　　都是這種迷思的例子。

事實：該被責怪並負起責任的是加害者，而非受害者。

迷思：女人在性行為上呈現猶豫時，心理上是想要的，所
　　　不算是被強暴。

事實：強暴是以強迫威脅某個不願意的人來進行侵犯的行
　　　為。刀、槍或言語上的威脅常勝過受害者的意願。

迷思：不能把罪歸咎在男人身上，也就是說，阻止男人的
　　　責任在女人身上；因此，如果事情失控的話，是女
　　　人的錯。

事實：強暴者是罪犯，而不是受害者，他該為他的行為負
　　　責。強暴不是性衝動的行為，強暴是為了主宰和掌
　　　控。

迷思：如果一個女人快要被強暴了，那麼女人大可以放鬆
　　　的好好享受一下，也就是說，強暴只不過是性行為
　　　的一種。

事實：強暴受害者經歷極大的心理和生理創傷。強暴是一
　　　種暴力的、無人性的、私密的侵犯，傷害女性身為
　　　一個人的隱私和完整性。強暴的動機是為了主宰，
　　　而不是性享受。強暴根本就不會令人愉快。

迷思：強暴犯通常和受害者是不同種族，也就是說，強暴
　　　通常反映民族或種族仇恨。

事實：在大多數情況，強暴犯和受害者是同一個種族（大
　　　約 90% 至 95% 都是如此）。

迷思：大部分強暴犯都是陌生人，也就是說，和認識的人
　　　在一起，我們很安全。

事實：十分常見的是，強暴犯和受害者彼此認識或者很
　　　熟，不然，至少在街上、雜貨店、學生活動大樓等
　　　等地方見過彼此。

　　為了要更了解強暴的動機，以及更有效的協助強暴受害者，最好試著將強暴視為強迫性的或暴力的行為，而不是性行為。大部分的強暴犯是為了展現他們的權力，或為了貶低受害者，才強暴受害者。在大多數的情況下，強暴的動機和滿足感都不是一般我們所想的性滿足。事實上，性滿足感是不太可能發生的。不幸的是，我們對強暴罪行的反應通常只想著性層面而非暴力層面。

　　幸運的是，我們的社會在處理強暴這一方面進步許多。醫療和諮詢服務、執法程序及整個法律情況已經改善許多，未來可能會更好。目前比較容易將某個有罪的人定罪，並且讓受害者免於不必要的麻煩。例如，因為要證明陰莖曾經進入了某個陰道，實際上是不可能的，最近《性侵害犯罪防治法》已經改為規定強迫性性行為分為不同程度或等級，這樣比較容易判罪，不需要以證明曾經發生過強暴作為整個案子的基礎。

練習四：對強暴的看法

　　以下是對於強暴的一種說法：

當然，強暴可能是發生在女人身上的糟糕事之一，但是我相信強暴不是最糟的事。將強暴放在第一位，你必須忽視死亡、殘廢、疾病、失去所愛的人、截肢、變瞎、變聾、變啞、精神疾病、癱瘓和其他不幸的事。這些都比強暴還糟，而且幾乎多數女人都同意這個看法。但是，我永遠不會忘記一位在某次演講後前來找我的母親。她告訴我，她寧可讓她的女兒死掉也不願意讓她被強暴。

　　對於這種看法，你的看法為何？

第六節　約會強暴

　　約會強暴或熟人強暴，比大多數人所意識到的還要常見，雖然就這件事的性質而言，我們很難收集到可靠的數據資料。我們懷疑，有些約會強暴案件可能是起因於溝通不良，因為許多人對於談論性行為還是有困難。無論如何，了解下列的事項可能會對約會的人有所幫助：花錢在約會對象上，並不代表可以發生性關係；如果你的約會對象用性行為作為證明男性氣概或女人味的方法，那麼你和其他人約會可能會比較好。

練習五：有效溝通

1. 明確說出「不」或「好」可能很困難，但是這很重要。表現出抱歉或不確定的樣子，會傳達出混亂的訊息。你不說出來，另一個人無法了解你的感受。

2. 相信你的直覺。告訴你的伴侶你要的或不要的是什麼，並且堅持你的決定。

3. 仔細聽另一個人在說什麼。你是否得到混亂的訊息？你懂對方的意思嗎？如果不懂就問。記住，只有當你的伴侶清醒時清楚的說「好」才是「好」，喝醉時、迷迷糊糊時、睡著時，或其他判斷力減弱時說的「好」都不算數。

4. 詢問，而不是假設。你和你的伴侶應該討論什麼對彼此是最能接受的。

5. 記住，有效肯定的溝通可能不是每次都有效。有時候人們就是不聽。但是沒有人就應該因此被強暴！

約會強暴的藥物

性侵犯最常用的化學藥物是酒精，因為酒精容易取得。1990 年代早期，因為約會強暴藥物而讓這個問題變得更加複雜。以下是關於約會強暴藥物的資訊，以供參考。

苯二氮類鎮定安神劑（迷姦藥）是早期約會強暴的藥物之一。這個處方藥在全球 60 個國家合法銷售，被用來作為鎮靜

安眠藥。但是在美國並不准許作為醫療用途，因為它鎮靜安眠的作用和類似健忘的效果非常適合用於約會強暴，使人不需同意就可以進行性行為，當和酒精混合在一起時，不僅無味亦無氣味。服下迷姦藥的人可能完全不記得發生什麼事，或者只有片段的記憶。他們通常不確定自己是否有被強暴，除了隔天一早醒來，他們的生殖器可能不太舒服，或者他們可能被脫光衣服。性侵犯者通常聲稱被害人同意發生性行為，但是沒有辦法確切知道。迷姦藥需要一個小時才能發揮最大藥效，攝取之後的 4 到 30 天可以從尿液中鑑定出來。

　　另一種約會強暴藥物是伽瑪羥基丁酸（GHB），讓被害人幾乎立刻變得沒有抵抗力，並且對於發生的事幾乎沒有或完全沒有記憶。和迷姦藥十分相似。

　　第三種約會強暴藥物是氯胺酮，又稱 K 他命氫溴化物，原本是用來作為醫學診斷和手術的麻醉劑。注射在靜脈內 40 秒後會產生麻醉，而注射在肌肉內 8 分鐘後會產生麻醉。近年來，在獸醫界廣泛使用。在美國，流行的用法包含將 K 他命的液體加熱到變成白色粉末，然後用抽的或用鼻子吸。K 他命的藥效在 5 至 10 分鐘內就會出現，並且能夠維持長達一個小時。其他約會強暴藥物包含 GBL、苯重氮基塩（常作為對抗焦慮及安眠藥）以及狂喜迷幻藥。

　　1996 年，柯林頓總統簽署一項禁止迷姦藥和其他約會強暴藥物的法案，並且對於用這些藥物的強暴犯多處 20 年的刑

期，此外亦加重對於非法製造、銷售、分發或擁有這些藥物的刑罰。在美國，這是第一次將使用藥物當成武器來看，視為一種犯罪行為。

以下是一些可以避免成為約會強暴受害者的要訣：

1.　不要接受來自陌生人的藥物。

2.　不要喝不是你自己打開的飲料。

3.　不要和任何人分享或交換飲料。

4.　不要從裝酒的大碗公或者四處傳來傳去的容器裡倒飲料來喝。

5.　如果可以的話，帶你自己的飲料去參加派對。

6.　如果俱樂部裡有人請你喝酒吧的飲料，你要跟那個人一起去酒吧點飲料，看著服務生倒飲料，並且親自端飲料。

7.　在聊天、跳舞、去化妝室或打電話的時候，要留意你的飲料。

8.　如果你意識到你有段時間沒有留意你的飲料的話，就把飲料丟了。

9.　不要喝任何嚐起來或看起來怪怪的東西（例如嚐起來酸酸的、有太多泡沫或無法解釋的沉澱物）。

10.　不要將藥物和酒精混合在一起。

不幸的是，在許多強迫性的性行為中，恐懼和難堪常阻礙

受害者去通報和處理。我們應該討論不同形式的強迫性性行為，好讓這些問題明朗化。人們需要了解這些事的確發生過，如果遭到強暴的話，他們並不是孤立無援的，有許多人可以幫忙，且濫用性行為不應該繼續存在。

● 第七節　性騷擾

　　性騷擾為全球性的社會問題，任何一種人際互動關係皆可能產生性騷擾，而校園與工作場所性騷擾是較受關注的兩大生活領域（王麗容，1999）。自從 1970 年代中期開始，法院、大眾和專業期刊、報紙和書籍都聚焦在性騷擾上，印刷數百篇文章，增加美國對此主題的關注。性騷擾有時候很難區分，但是通常包含觸摸、言語毀謗、要求某些特定的性行為或者使用威脅的語氣（Cloud, 1998）。

　　實際上定義性騷擾可能很困難，雖然在許多情況下有指導方針，但是不同的人可能有不一致的看法。王麗容（1999）將構成性騷擾行為的範圍歸為三大類：（1）語言方面，例如黃色笑話、帶有性意味之嘲諷、揶揄等；（2）非語言方面，例如展示與性有關的視覺素材、寄送有性暗示之書信等；以及（3）肢體動作方面，例如帶有性暗示的碰觸、摟抱、撫摸，以及性猥褻、性暴力等。

　　將近 30 年前，性騷擾被許多人視為主張男女平等理論

下，近乎偏激的附屬品。但是現在，性騷擾已經在所有層級，包含最高法院的法律判決中佔有一席之地，每天都有許多新的性騷擾案件被起訴。諸多研究顯示各級學校性騷擾與性侵害問題相當嚴重（吳玉釵，1996；晏涵文、蘇鈺婷、李佳容，2001；陳宇平、唐子俊，1998；陳淑芬，2000；羅燦煐，2005）。校園性騷擾事件對於當事人影響甚大，不只是當下的驚嚇、惶恐與不舒適等，亦會影響其學習表現，對其長遠身心發展更造成莫大的傷害。

簡苑珊、陸均玲、李鴻森和洪百薰（2012）針對國中生進行調查，所得的結果顯示性騷擾影響很大，有性騷擾受害經驗者發生輕度及重度情緒困擾之比率，是無性騷擾經驗者的 1.65 及 2.28 倍。

性騷擾的件數根據教育部學生事務及特殊教育司（2016）所公布的統計，在 2014 年時，國小有 622 位（20.64%）、國中 1,374 位（45.60%）、高中職 616 位（20.44%）、大專院校 292 位（9.69%）被性騷擾成案。性騷擾問題嚴重程度可想而知。

如有性騷擾發生時，可明白對騷擾者表示抗議，大聲說「不」，要求其立即停止騷擾行為並道歉；聯合其他受到相同騷擾的被害人一起勇敢採取行動；相信自己的直覺，不要忽視或懷疑自己，理直氣壯的表達自己的憤怒，向在場的人大聲說出自己的遭遇，阻止騷擾者繼續其騷擾行為，如未來欲提出申訴時，才有人證可以證明騷擾行為確實發生；避免與性騷擾加

害者的再次接觸，在公事及私事間劃清界線；將自己的遭遇告訴他人，不僅可以避免自己被孤立、獲得情緒上支持，還可以和有相同經驗或願意幫忙的朋友一起想辦法，阻止性騷擾的繼續發生。

另外，校園中教師應該避免提到性方面的暗示和笑話，也要避免看起來像性騷擾的情況，例如：避免單獨和他人共處一室。如果有必須，要先確保其他人可以從玻璃門或窗戶看見你們兩人。在現代的社會，這類明哲保身的行為是必要的。

結論

有些性行為在今日被視為個人偏好或性傾向，例如：自慰、口交和同性戀性行為。當然，不是所有人都認同這些行為，但是許多圍繞著此等議題的迷思已經慢慢的被放下了。

多年來，最多人研究的性行為形式可能是異性戀婚前性行為。雖然以前男女對於婚前性行為的態度和行為大不相同，但是近年來，男女之間的差異逐漸變得較不顯著。

有些性主題，例如性交易和色情商品，比以往更受到重視。有些人認為這兩個主題是會造成社會敗壞的問題，而其他人認為只要能夠正確的觀察這兩個領域，那麼它們就不會構成威脅。

尤其在探討任何性行為時，保持冷靜和心態開放是很重要

的，雖然許多性行為可以被視為個人的選擇，但是強迫性的性行為，例如戀童癖和強暴，則牽涉到將某人的意志強加在另一個人身上，這是不對的行為，人們必須更加了解以及知道如何處理這些情況。

📖 參考文獻

王麗容（1999）。性別歧視、性騷擾和性侵害的社會建構。**兩性平等教育季刊**，**8**，12-15。

江漢聲（1986）。眾樂樂不如獨樂樂－談成人的自慰行為。**健康世界**，**75**，74-77。

阮芳賦（2002）。**性的報告－21世紀版性知識手冊：性知、性趣、性福**。北京市：中醫古籍出版社。

吳玉釵（1996）。國小學童性騷擾之探討。**訓育研究**，**35**，33-41。

吳敏倫（1997）。**性禁忌**。香港：聚賢館。

晏涵文、蘇鈺婷、李佳容（2001）。國小高年級學生性教育現況及需求之研究。**台灣性學學刊**，**7**，1-22。

陳宇平、唐子俊（1998）。某大專護理科女生性行為與性騷擾經驗之前趨研究。**台灣性學學刊**，**4**，28-45。

陳淑芬（2000）。**青少年同儕性騷擾：影響性騷擾界定、態度及相關性探討**（未出版之碩士論文）。國立陽明大學，台北市。

教育部學生事務及特殊教育司（2016）。**疑似校園性侵害、性騷擾及**

性霸凌通報件數統計。取自 https://depart.moe.edu.tw/ED4500/cp.aspx?n=0A95D1021CCA80AE

蔡春美、郭玟吟、林素蓉、殷蘊雯、許雲霞（2002）。台北市高中性行為態度、知識、保險套使用率之調查研究。**台灣性學學刊，8**，1-14。

勵馨社會福利事業基金會（2001）。**未婚懷孕服務方案成果報告**。台北市：勵馨社會福利事業基金會。

勵馨社會福利事業基金會（2005）。**台灣性侵害犯罪的現況**。台北市：勵馨社會福利事業基金會。

簡苑珊、陸均玲、李鴻森、洪百薰（2012）。青少年性騷擾受害者經驗與身心適應之相關—以基隆市國中學生為例。**台灣公共衛生雜誌，31**，326-335。

羅燦煐（2005）。政策面VS. 執行面：校園性侵害及性騷擾防治之政策分析、現況檢視及實務芻議。**國家政策季刊，4**，101-140。

Bell, R. R. (1966). *Premarital sex in a changing society.* Englewood Cliffs, NJ: Prentice-Hall.

Call, V., Sprecher, S., & Schwartz, P. (1995). The incidence and frequency of marital sex in a national sample. *Journal of Marriage and the Family, 57*(3), 639-652.

Clements, M. (1994, August 7). Sex in America today. *Parade*, 4-6.

Cloud, J. (1998). *Sex and the Law Time, 51*(11), 48-53.

Feldmann, J., & Middleman, A. B. (2002). Adolescent sexuality and sexual behavior. *Current Opinion in Obstetrics and Gynecology, 14*(5), 489-493.

Greenberg, J. S., Bruess, C. E., & Haffner, D. W. (2007). *Exploring the dimensions of human sexuality* (3th ed.). Boston, MA: Jones & Bartlett.

Laumann, E. O., Gagnon, J. H., Michael, R. T., & Michaels, S. (1994). *The social organization of sexuality: Sexual practices in the United States* (3th ed.). Illinois, IL: University of Chicago.

Masters, W. H., Johnson, V. E., & Kolodny, R. C. (1988). *Crisis: Heterosexual behavior in the age of AIDS* (pp. 47-68). New York, NY: Grove Press.

National Clearing House on Child Abuse and Neglect Information (1998). *National child abuse and neglect statistical fact sheet*. Washington, MA: U. S. Government Printing Office.

Stein, J. (1998). *Porn goes mainstream-Time, 152*(10), 51-52.

NOTE

NOTE

NOTE

國家圖書館出版品預行編目（CIP）資料

性與性別教育的解析和實踐／林燕卿著 --初版. -- 新北市：
心理, 2019.05
面； 公分. --（性別教育系列；32007）

ISBN 978-986-191-864-8（平裝）

1.性教育 2.性別教育

544.7 108004413

性別教育系列 32007

性與性別教育的解析和實踐

作 者：林燕卿
執行編輯：陳文玲
總 編 輯：林敬堯
發 行 人：洪有義
出 版 者：心理出版社股份有限公司
地 址：231 新北市新店區光明街 288 號 7 樓
電 話：(02) 29150566
傳 真：(02) 29152928
郵撥帳號：19293172 心理出版社股份有限公司
網 址：http://www.psy.com.tw
電子信箱：psychoco@ms15.hinet.net
駐美代表：Lisa Wu（lisawu99@optonline.net）
排 版 者：菩薩蠻數位文化有限公司
印 刷 者：辰皓國際出版製作有限公司
初版一刷：2019 年 5 月
I S B N：978-986-191-864-8
定 價：新台幣 250 元